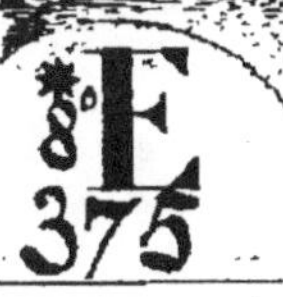

# G. DI STEFANO NAPOLITANI

## La Maxime "LOCUS REGIT ACTUM"

# ÉTUDE

DE

## DROIT INTERNATIONAL PRIVÉ

TRADUIT DE L'ITALIEN

PAR

**Charles CORNETTE,**

Commis-Greffier au Tribunal de première Instance d'Alais.

ALAIS

IMPRIMERIE L. BRUSSET-BLANC, GRAND'RUE, 72

—

1887

DI STEFANO NAPOLITANI

# La Maxime "LOCUS REGIT ACTUM"

# ÉTUDE

## DE

## DROIT INTERNATIONAL PRIVÉ

TRADUIT DE L'ITALIEN

PAR

**Charles CORNETTE,**

Commis-Greffier au Tribunal de première instance d'Alais.

ALAIS

IMPRIMERIE L. BRUSSET-BLANC, GRAND'RUE, 72

1887

# NOTE DU TRADUCTEUR

Les nombreux et remarquables écrits des jurisconsultes Italiens en matière criminelle ont été lus et suivis avec beaucoup d'intérêt, aussi encouragés par ce succès les infatigables travailleurs de l'Italie moderne ont ils fait tendre leurs efforts vers le droit civil.

La science du droit international, en voie de formation, a été l'objet de leurs études spéciales et l'honorable avocat di Stefano Napolitani a vu son premier travail entouré de grandes sympathies. Deux autorités dans la science du droit : Féraud-Giraud et Soldan en ont fait, en termes élogieux, un compte rendu ; le premier dans le Bulletin de la société de législation comparée, 1884, pages 240 et suivantes ; le second dans la Revue générale du droit, de la législation et de la jurisprudence en France et à l'étranger, année 1884, pages 488 et suivantes; et leur appréciation à ce sujet me dispense d'en citer d'autres.

Une étude aussi approfondie des conflits de législations relatifs à la forme des actes civils m'a paru être un instrument nécessaire à l'éducation juridique et j'ai cru rendre service en la faisant connaître dans notre langue.

# "LOCUS REGIT ACTUM"

Dans la matière qui concerne la forme des actes, la doctrine et la jurisprudence acceptent, presque universellement, un principe formulé par les anciens jurisconsultes dans la maxime " *Locus regit actum.* "

Il n'y a pas d'écrivain de droit, depuis Voet et Grotius et successivement jusqu'à Savigny et Laurent qui, en thèse générale, n'accepte la maxime, comme il n'y a pas de décision de magistrat, qui ne commence par l'affirmer comme base de ses considérations.

Cependant, lorsqu'il s'agit d'en déterminer la nature juridique, d'en établir le fondement, d'en fixer la portée, alors que du camp des principes et de la pure théorie on arrive à l'application, l'harmonie devient désharmonie; l'uniformité, difformité ; la concorde, discorde ; si bien que écoles et opinions diverses se dessinent et s'accentuent, les doutes surgissent, les exceptions au principe se font plus nombreuses et je dirai avec Brocher: (1) l'application d'une règle, en apparence universelle, devient presque un jeu aléatoire.

Je diviserai mon étude en 5 parties: dans la première, je tracerai le développement progressif de la maxime "Locus regit actum"; dans la seconde, j'en établirai le fondement juridique ; dans la troisième, je rechercherai si elle est obligatoire ou facultative ; dans la quatrième, à quelles formes elle s'applique ; dans la cinquième enfin, si elle souffre des exceptions.

---

(1) Nouveau traité de droit international privé, p. 201.

# CHAPITRE 1<sup>er</sup>

## La maxime "Locus regit actum" dans la doctrine, la jurisprudence et la législation.

### § 1<sup>er</sup>

Savigny, (1) après avoir admis que les anciennes lois, peut être parce qu'on n'en reconnaissait pas la nécessité, ne contiennent aucune disposition précise à ce sujet, fait remonter l'origine de la règle "Locus regit actum" au XVI<sup>me</sup> siècle. Philimore, suivant les traces de Savigny, et Wharton (2) qui s'en rapporte à cette opinion, répètent l'erreur historique dans laquelle tombe l'illustre écrivain et l'acceptent sans bénéfice d'inventaire, tenant peu compte de ce qu'elle avait été suffisamment prouvée par les écrivains de droit international privé et que ce principe avait été affirmé par les glossateurs du XII<sup>me</sup> siècle.

Cependant parmi les auteurs de ce temps et parmi ceux de la renaissance, il n'en a pas manqué qui, dominés par la fausse idée que toutes les disciplines juridiques ont trouvé leur développement dans les lois romaines ; erreur qui, on peut le dire, a été fatale au développement du Droit international, ils n'ont pas manqué, dis-je, les auteurs qui ont voulu trouver le principe "Locus regit actum" dans le *corpus juris* et spécialement dans les L.L. 34; D.L., 17 — 6. D. XXI. 2-- 1. D. XXII. 1 — 9. C. VI. 23— 1. C. VIII. 49.

L'examen de certains des fragments indiqués suffira pour démontrer comment ce faux critérium a pu conduire à des conséquences aussi étranges et aussi éronnées : La L. 34, D.L. 17 est ainsi conçue: « Semper in stipulationibus et in « caeteris contractibus id sequimur quod actum est, aut « si non pareat, quid actum est, erit consequens ut id se- « quamur quod in regione, in qua actum est, frequenta- « tur. »

Le principe du droit enseigné par Ulpian est celui-ci : « Les conventions et les contrats s'interprètent selon la volonté des parties et si elle ne paraît pas évidente, selon l'usage des lieux dans lesquels ils ont été accomplis. » Le même principe se trouve codifié dans les articles 1131 et 1134 du code civil Italien : « Dans les contrats on doit re-

---

(1) Droit Romain, vol. VIII, § 381.
(2) Conflict of Laws or private international Law, § 676.

chercher quelle a été la commune intention des parties contractantes. Le pacte ambigu s'interprète selon ce qui est pratiqué dans le pays où a été stipulé le contrat. »

Et le même Ulpian dans la L 6 D. XXI, 2, écrit : « Si fun-
« dus venerit ex consuetudine ejus regionis, in qua nego-
« tium gestum est, pro evictione cavari oportet, »

L'espèce est ici même fort claire: il a été vendu un fonds, *quaeritur:* à quelles lois devra-t-on recourir en cas d'évic-tion ? Et le jurisconsulte répond : aux usages, aux coutu-mes des lieux dans lequel la vente a été faite.

Et finalement la L. 1. principe D. XXII. 1. dispose: « cum
« iudicio bonae fidei disceptatur, arbitrio iudicis usarum
« modus ex more regionis, ubi contractum est constituitur:
« ita tamen ut legi non offendat. »

Papinien, dans ce fragment dit que le juge pour déter-miner la mesure de l'usure, doit avoir égard aux usages du lieu où l'acte a été fait, pourvu qu'on ne déroge pas à la loi générale.

Dans ces lois et dans les autres, que je n'examine point, parce que c'est inutile après l'analyse qui en a été faite par Savigny ; (1) il ne s'agit point de la loi qui règle la forme des actes, mais au contraire, on établit le critérium que le droit général cède devant le droit particulier.

Les Romains n'eurent point l'idée de la communauté de droit entre les nations; ils ne pouvaient point l'avoir, parce qu'ils n'ont jamais traité d'égal à égal avec les autres na-tions et ils se sont toujours considérés comme un peuple privilégié; par suite il était impossible que là ou manquait la conception il existât la "regule iuris" qui s'y réfère.

§ 2

La maxime "Locus regit actum" nous la retrouvons, d'une manière assez obscure, affirmée par l'école des glos-sateurs, mais c'est Bartole qui l'a établie le premier avec précision dans une question relative aux testaments. Ce-pendant dans les premiers temps il survint des controver-ses. Albericus de Rosate, prosélyte du principe de territo-rialité absolue, nia la maxime, partant de l'idée que la loi oblige seulement ses sujets et que ceux-ci ont le droit d'employer la forme prescrite par elle. Cujas soutint qu'il

---

(1) Op. cit. vol. VIII, § 382.

était nécessaire de suivre la loi du domicile du testateur ;
Fachinœus, que l'on devait accomplir les formalités prescrites par les lois du lieu où sont situés les biens; Burgun-
dus enfin, admit la maxime pour les contrats et la rejeta
pour les testaments, considérant comme lois réelles les solennités prescrites par eux et invoqua l'édit de 1611: «Plane
« si lex expresse testatores sequi iubret jus loci, in quo
« bona sita sunt, aliud dicendum est. — Talis est cons-
« titutio principum Brabantiæ, emissa anno 1611. »

Cependant, avec Voet et Rodemburgh, le principe était
confirmé. Voet, (1) après avoir établi le criterium, que le
statut des formes n'est ni personnel ni réel, parce qu'on
ne suit ni les formes du statut personnel des parties, ni
celui du lieu où les biens sont situés, en fait une catégorie
spéciale sous le titre de statut mixte « neque minus de sta-
« tutis mixtis, de summo cuiusque iure protestate, ratioci-
« niis ad aliditatem actus cuiusque sufficere adhibitionen
« solemnitatum, quas lex loci, in quo actus geritur, praes-
« cripterit observandas, »

Et à la fin de ce paragraphe il remarque: « Et ita Belgis,
« Germanis, Hispanis, Gallis, aliisque placuisse, auctores
« cuiusque generis testantur. — Inter Belgas, Praeter San-
« dium, Peckins, Loesius, Vinnius, Christhinaeus, Radelant,
« Rodemburgh, Matthaeus, Paulus Voet ; inter Germanos,
« Gayl, Mysinger, Maevius, Carpzovius ; inter Hispanos,
« Vasquius, Menochius ; inter Gallos, Mainardus, Guido
« Papae, Choppinus, Barry. »

Parmi ceux-là, Mysinger et Gayl, attestent que la jurisprudence de la chambre impériale s'est prononcée cons-
tamment dans ce sens et Choppin, dans les coutumes de
Paris, rappelle une décision du Parlement, qui déclare
valide un testament fait en pays étranger selon les formes
prescrites dans le lieu de la rédaction bien que ce soit re-
latif à des immeubles situés dans un autre lieu.

Et Dumoulin écrivait : « Aut statutum loquitur de his
« quae concernunt nudam ordinationem vel solemnitatem
« actus, et semper inspicitur statutum vel consuetudo loci,
« ubi actus celebratur. » Et plus loin: « Sive in contracti-
« bus, sive in iudiciis, sive in instrumentis aut aliis confi-
« ciendis ita quod testamentum factum coram duobus testi-
« bus in locis, ubi non requiritur major solemnitas, valet
« ubique; idem in omni alio actu. »

Et il est utile de noter que cette question qui tout d'abord

______________

(1) De statutis L. 1, T. 4, p. II, n° 13.

n'avait été agitée que pour les testaments, a embrassé peu à peu un champ plus vaste en attribuant à la maxime un caractère d'universalité.

Et encore la Rotte Romaine ainsi que l'écrit Giliano : « dicit pluries, servare statutum loci contractus in respi- « cientibus formam et solemnitatem actus. Et parmi les « autres il est rapporté une décision de Pamphili, ainsi « conçue : in respicientibus forman et solemnitaten actus « attendatur loco contractus. » (1)

Le principe depuis lors est uniformément enseigné par tous les auteurs ; (2) seulement Eichkorn, Muklenbruch et Hauss dans la doctrine moderne, n'acceptent point la maxime.

Eickhorn dit : Le principe de souveraineté et le principe de droit: « contraxisse unusquisque in eo loco intellegitur, « in quo ut solveret se obligavit, (3) » portent à la consé- quence que les actes d'une personne relatifs à son patri- moine, doivent, en règle générale, être conformes aux lois de son domicile quant à leur forme et quant à leur subs- tance alors qu'ils doivent y être exécutés. Cependant cette règle admet des exceptions : 1° alors qu'il a été impossible de revêtir l'acte des formes prescrites dans le lieu du do- micile de la personne qui contracte ou qui dispose ; 2° si l'acte a été fait dans un pays qui exige ces formes à peine de nullité; 3° alors que le statut réel exige, pour l'acquisi- tion ou la vente d'un immeuble, un acte qui précède, et dans ce cas les formes et le contenu de cet acte doivent se régler par le statut réel.

Muklenbruch suit l'opinion d'Eickhorn.

Fœlix, en réfutant Eickhorn, use, pour repéter une phrase de Laurent, de bonnes et de mauvaises raisons en même temps; bonnes, quand il dit que les exceptions admi- ses par Eickhorn, dans l'espèce de la première, font revenir au principe qu'il contredit ; mauvaises, quant il dit que la proposition d'Eickhorn peut être vraie en droit strict.

Il me paraît utile ici de faire une observation, qui trou- verait sa place ailleurs : je nie que même du côté du droit

---

(1) Voir Fœlix. Droit international privé, vol. 1, p. 153, n° 74-75.

(2) Cochin, Boullenois, Ricard, Bouhier, Brunnemann, Hubert, Hert, Vattel, Gluck, Thibaut, Weber, Tissman, Kluber, Schaffner, Savigny, Toullier, Pardessus, Story, Wheaton, Philimore, Wharton, Rocco, Fiore, Laurent, ecc... ecc...

(3) L. 21, D. XLIV, 7.

strict Eickhorn ait raison et que le principe de souveraineté
sur lequel il se base soit favorable à son assertion.

En fait, puisque les formes des actes sont une matière
d'ordre public et d'intérêt général, il s'en suit que l'étranger ne peut point se soustraire aux lois qui imposent une
forme donnée pour des actes déterminés et, pour le principe de souveraineté, l'étranger devenant sujet temporaire
de l'état dans lequel il se trouve, quant il contracte, il doit
observer les lois sur les formes: "Locus regit actum".

Hauss, au contraire, veut appliquer la maxime non seulement aux formes, mais aussi à la substance des actes, et
n'ayant pu la justifier dans la généralité il l'a rejetée à la
réserve de deux cas seulement: «1° si de processu ordinando quæritur; » 2° alors que les parties volontairement et
de leur propre liberté, se soumettent aux lois du lieu dans
lequel l'acte a été stipulé.

L'erreur de Hauss provient de ce qu'il n'a pas bien dis-
tingué dans l'acte, la substance et la forme, ou bien selon
l'expression des jurisconsultes romains, *les solennités in-
ternes des solennités externes;* elle provient également de
ce qu'il a soumis à la volonté une matière qui par sa nature
en est soustraite; car la volonté humaine est libre de choisir dans des limites déterminées indiquées par les lois
d'ordre public auxquelles appartiennent les lois sur les
formes.

§ 3

La maxime "Locus regit actum" comme il a été déjà démontré, admise universellement par la doctrine et appli-
quée par la jurisprudence, a été codifiée dans diverses
législations que nous diviserons en trois catégories : 1° législations qui n'admettent pas expressément le principe
mais qui en font l'application; 2° législations qui admettent
le principe à la condition de réciprocité; 3° législations qui
codifient le principe mais avec un grand nombre d'exceptions ou pour des cas spéciaux. (1)

A la première catégorie appartient presque toute la législation Française.

Dans le titre premier du projet du code civil français il
était dit : *la forme des actes est réglée par les lois du lieu
dans lequel ils sont faits ou passés ;* cependant le Conseil
d'Etat fit opposition au projet. On faisait observer de deux
choses l'une: ou l'article concerne les actes faits en France

---

(1) Voir Fœlix, op. cit. I., p. 108, n° 85.

et alors il est inutile, puisque la forme des actes est la même dans tous les départements, ou l'article concerne seulement les actes faits à l'étranger et alors la législateur sort du cercle qui lui sert de limite. Le Tribunat aussi fit son opposition parce qu'il trouvait la rédaction trop vague et parce que la règle admettait des exceptions qu'il fallait nécessairement spécifier. Du reste, disait-on, c'est inutile, le principe que l'on veut consacrer est trop évident.

L'article par suite ne fut pas conservé, mais on trouve les applications du principe aux articles 47, 170, 999 ; le premier concernant les actes de l'état civil; le second, les actes de mariage; le troisième, les testaments.

Les codes des Deux Siciles, du canton de Vaud et de Haïti suivent le système du code Français, ils n'énoncent pas le principe mais ils en font l'application, le premier, aux articles 49, 180, 925 ; le second, aux articles 19, 77, 659; le troisième, aux articles 49, 155, 805.

En Grèce, ce principe est codifié relativement aux testaments: Un grec, qui se trouve en pays étranger, peut faire ses dispositions testamentaires par acte olographe ou par acte authentique suivant les formes usitées dans le pays dans lequel l'acte sera fait.

Dans la seconde catégorie nous pouvons compter le code Sarde, qui, à l'article 1418, porte: «les actes et les contrats « faits en pays étranger selon les formes qui y sont pres- « crites, ont la même force que celle accordée en ce pays « aux actes et contrats passés dans les états. »

Dans la troisième catégorie rentrent les codes de Prusse, Bavière, Wurtemberg, Pays-Bas, Russie et Louisiane. Le code de Prusse prescrit : « la forme d'un contrat sera ap- « préciée selon les lois du lieu où il a été passé. » Mais au § 115 il continue: « cependant dans le cas où le contrat a « pour objet la propriété ou l'usufruit de biens immeubles « on observera, quant à la forme, les lois du lieu de la « situation des objets. »

Le code Bavarois dispose: Pour ce qui concerne la solennité simple d'un acte entre vivants ou pour cause de mort, on appréciera ou jugera selon les lois du lieu dans lequel il aura été fait.

Le code de commerce du Royaume de Wurtemberg (art. 999 du projet) établit : « les conditions voulues pour la « validité d'un acte fait en pays étranger pour ce qui con- « cerne la forme et la matière de cet acte sont déterminées

« par la loi du lieu où il a été fait et plus particulièrement
« par la loi du lieu de la date d'un acte écrit ; » toutefois,
un Wurtembergeois ne peut attaquer l'acte pour cause
d'omission de l'une de ces conditions lorsqu'il se trouvera
conforme aux lois du royaume.

La loi Néerlandaise sur les règles générales de législation (1) article 10, dispose : La forme de tous les actes est
régie par la loi du pays ou du lieu dans lequel l'acte a été
fait, et on en compte les exceptions aux articles 982 et 992
du code civil. (2)

Aussi en Russie, le principe a été codifié en ces termes :
L'acte fait à l'étranger, selon les formes qui y sont en
vigueur, bien que contraire aux formes adoptées en Russie
est néanmoins admis à faire preuve jusqu'à la production
des moyens admis pour en infirmer l'authenticité.

Le code de la Louisiane dispose en termes plus précis :
La forme et les effets des actes publics ou privés se règlent
d'après les lois et les usages du pays dans lequel ils sont
faits ou exécutés. Cependant l'effet des actes, rédigés pour
être exécutés dans un autre pays, est réglé par les lois du
lieu dans lequel ils doivent être exécutés.

Le code civil Italien qui, dans les articles 6 à 12 du titre
préliminaire, a codifié les principes les plus rationnels du
Droit international privé et marqué un progrès notable sur
les autres codes, relativement à cette matière, grave la
maxime, à l'article 9, par la diction la plus correcte et la
plus scientifique: « Les formes extrinsèques des actes entre
« vivants et de dernière volonté sont déterminées par les
« lois du lieu dans lequel ils sont faits. »

═══════════

# CHAPITRE II

### Fondement de la maxime "Locus regit actum"

§ 1<sup>er</sup>

Le développement progressif de la maxime "Locus regit
actum" exposé le plus rapidement possible, je me bornerai
maintenant à en déterminer la raison juridique.

---

(1) Wet houdende Algemeene Bepalingen van Wetgeving.
(2) Burg. Wetbock.

Cette recherche n'est pas nouvelle dans la doctrine, car, depuis le commencement de l'affirmation de la règle on tâche d'en affirmer le fondement.

Une première théorie a été soutenue par Woet et par Rodemburgh.

Woet (1) écrivait que la maxime "Locus regit actum" placiusse videtur, tum ne in infinitum prope multiplicarentur et testamenta, et contractus, pro numero regionum diverso iure circa solemnia utentium, atque ita summis implicarentur molestiis, ambagibus ac difficultatibus, quotquot actum res plures pluribus in locis sitas concernentem, expedire, voluerint: tum etiam, ne plurima bone fide gesta nimis facile ac pope sine culpa gerentis conturbarentur. — *Arg. l. 3, D. de officio praetoris.*— Tum quia ipsis quidem iuris in praxi versatissimis, multoque minus aliis simplicitate desidiaque laborantibus ac iuris scientiam haud professis, satis compertum est, ac via per industriam exquisitissiman esse potest quæ in imoquoque loco réquisita sint, actuum solemnia, quid in dies in hac vel in illa regione navis legibus circa solemnium observantia mutetur.

Et Rodemburgh (2) après avoir exposé l'état de la doctrine jusques à son temps, continue: quid igitur rei in causa est, cur doctores æque atque tribunalia ordinatam secundum formam loci, ubi conditur testamentum, effectum sortiri ubique voluerint? Quod absurdum visum fuerit de singularum regionum possessionibus singula exeranda esse testamenta, vel unum idemque testamentum alio atque alio solemnitatem iure instruere, planeque repugnans liberæ ad extremum vitæ spiritum voluntati ut qui alio loco negotiorum, causa delatus, subitoque morbo correptus fuit, ei vel invitissimo necesse esset decedere intestato, vel ordinata ante suprema mutare cum non posset iam fato propinquum, nec heredes habere quod optaverit, non suppetente tum ad territorii cuiusque solemnia testandi facultate. Quæ ut subsistat ordinatum secundum regionis leges, in quam testator delatus fuerit ultimum elogium, omnium quorumque lncorum hominum, qui diversis in locis prædia possident, ex æquo interest adeoque secundum eos dicendum est, qui necessitate quadam, hominunque communi utilitate sententiam hanc sustentant.

En résumé, les raisons mises en avant par ces écrivains sont 1° difficulté de rédiger beaucoup de testaments à raison de différents lieux dans lesquels existent les immeubles ;


(1) Op. at. L. 1, T. 4, p. 2, n° 13.
(2) Tractatus de iure eci, L. II, cap. II, n° 2.

2° impossibilité de rédiger un testament selon les formes du lieu du domicile si le testateur est frappé de maladie mortelle sur le territoire étranger; 3° nécessité d'empêcher que les actes rédigés de bonne foi soient annulés ; 4° impossibilité de revêtir un acte de toutes les formes prescrites dans chaque localité; 5° impossibilité de revêtir un acte de toutes les formes prescrites par chacune des lois dans le territoire desquelles il doit être exécuté.

Ces raisons sont répétées par les écrivains postérieurs avec plus ou moins d'autorité.

## § 2

Mais une autre théorie est soutenue par Merlin (1) lequel écrit ainsi : « On dit qu'un acte devrait à la rigueur être « revêtu de toutes les formalités prescrites par chacune « des lois dans le territoire desquelles il doit être exécuté. « Ce n'est, ajoute-t-on, que par une raison de convenance « et de bien public, qu'on a adopté la loi du lieu où l'acte « se passe, pour règle de sa forme... »

Cette raison est spécieuse, mais elle est fondée sur une supposition absolument fausse. Ce n'est point par un simple motif de convenance qu'on a donné, par rapport à la forme probante des actes, la préférence à la loi du lieu où ils sont passés, sur toutes les autres: les vrais principes ont seuls déterminé ce choix. En effet, les actes reçoivent l'être dans le lieu où ils sont passés ; c'est la loi de ce lieu qui lui donne la vie; c'est elle par conséquent qui doit les gouverner, les modifier, en régler la forme.

L'accomplissement des formes extrinsèques ordonnées par la loi du lieu dans lequel un acte a été fait est la condition *sine qua non* de sa naissance, parce que, différemment l'acte reste sans preuve et ce défaut de preuve le suit en tous pays et même dans ceux dans lesquels il serait valide s'il y avait été fait.

Merlin s'appuie sur l'autorité de De Castro, lequel dit : « Statutum afficit atus celebratos in loco statuentium, quia « dicuntur ibi oriri et nasci. » Laurent ajoute qu'il aurait pu citer une *autorité plus grande*, Dumoulin: (2) «Est omni- « um doctorum sententia ubicumque consuetudo vel statu- « tum locale disponit de solemnitate, vel forma actus, li- « gari etiam exteros ibi actum illum gerentes. »

---

(1) Repertoire Preuve Sect. II, § 3, art. 1.
(2) Cons. 53, t. II, p. 965.

## § 3

Ce sont les deux théories qui divisent le camp, mais il faut avouer que la majorité des auteurs parmi lesquels Rocco, Savigny, Agnetta-Gentile, Bianchi. ecc., ecc, suivent la première. (1)

---

(1) La règle •Locus regit actum• prend sa raison dans le fait, qu'étant dans un pays, il n'est pas toujours facile, bien plus, il est plein de difficultés et même impossible de faire tant d'actes si difformes et d'obéir à autant de lois qu'il y a de lieux où notre patrimoine est placé: de sorte que la règle « Locus regit actum » est due à la nécessité. Rocco *Dell'uso et dell' autorità delle leggi nel Regno delle Due Sicile.* L. II, chap. 4.

Dans le lieu ou intervient l'acte juridique, il est souvent très difficile de connaître sûrement la forme légale d'un autre lieu, seul régulateur (e'est-à-dire du lieu dans lequel le rapport juridique se perfectionne) et quand on la connait, de la mettre en exécution et même cela est souvent impossible.

Par exemple un Prussien tombe malade en France et veut faire son testament, il doit renoncer à le faire et il en résulte pour sa famille peut-être un grave préjudice. La considération de cette dureté excessive qui quelquefois rend les actes absolument impossibles et les expose le plus souvent à la nullité d'une exécution défectueuse par suite des formes légales, qui certainement ne sont pas établies pour empêcher les transactions civiles, a fait naître un droit habituel toujours plus respecté depuis le XVI^me siècle. Cette nouvelle règle est ainsi exprimée : *Locus regit actum* et signifie que la forme d'un acte juridique est suffisante si elle concorde avec la loi du lieu dans lequel l'acte intervient, bien que dans le lieu où il a des rapports de droit d'autres formes soient établies par la loi. *Savigny, op. cit., v. VIII, n. 381.*

La raison de la supériorité de la maxime •Locus regit actum• n'est pas un principe de droit philosophique mais un motif d'utilité publique.

C'est la difficulté de trouver à l'étranger des fonctionnaires qui correspondent avec ceux de la patrie et des institutions de tout ordre qui puissent permettre de suivre partout les prescriptions de forme des lois de la patrie ; c'est l'embarras naissant de la diversité possible de nationalité des parties et de la difficulté de choisir la loi qui doit avoir la préférence; c'est l'ignorance, dans laquelle se trouve la majorité des hommes, des lois de leur propre nation et celle aussi des hommes spéciaux relativement aux lois des nations étrangères qui ont fait prévaloir cette grande maxime. •*Agnetta Delle donazioni, v. I, p.106.*•

Bianchi au fond ne fait que répéter les mêmes raisons. •Ce principe,
• dit-il, est imposé par la raison naturelle des choses car, d'un côté,
• la nécessité des relations sociales et l'intérêt commun des nations ne
• pouvaient pas permettre que la circonstance de se trouver à l'étran-
• ger rendit impossible aux citoyens le droit de faire un acte valable
• pour lequel il serait ordonné des formalités que l'on ne pourrait ac-
• complir dans le lieu où ils se trouvent; d'autre part, spécialement
• lorsqu'il s'agit d'actes publics il serait également impossible de faire
• procéder à la rédaction de tels actes par le ministère d'officiers pu-
• blies d'un Etat, dont les formes sont bien différentes de celles pres-
• crites par la loi du lieu. •
*Diritto civile vol. I, p. 213, n° 146 passim.*

Cependant contre ces écrivains, qui restreignent le fondement de la maxime à une raison de commodité internationale, se lève avec sa puissante autorité, Laurent qui soutient qu'il y a aussi une base rationelle et juridique.

Voici la doctrine de Laurent : (1) « Il y a d'abord une « raison de nécessité sur laquelle tout le monde est d'accord. Le plus souvent il serait impossible aux étrangers « de suivre hors de leur pays leurs lois nationales ou les « lois de la situation des biens. »

Pour les actes sous seing privé, la difficulté est moindre, mais elle subsiste. Le plus souvent ce sont des agents d'affaires qui les rédigent. Or ceux-ci ne connaissent que la pratique légale du pays où ils exercent leur ministère. Mais je crois que l'*adage traditionnel est aussi conforme à la raison*. Quel est le but des formes dites extrinsèques ? C'est de garantir la libre expression de la volonté des parties qui dressent l'acte en les mettant à l'abri de toute influence illégitime et de toute fraude. Or, le législateur local est seul compétent pour prescrire les garanties nécessaires, puisque tout dépend de l'état moral du pays; les mesures de défiance nécessaires dans un pays peuvent ne pas l'être ailleurs. Quand les formes locales ont été observées on doit présumer que l'acte est la libre expression de la volonté des parties, donc, il doit faire foi partout. Si, au contraire, l'acte n'était pas fait dans ces formes, il ne pourrait plus être considéré comme exprimant la volonté des parties; dès lors il ne peut plus faire foi nulle part. Tel est le fondement rationel de l'adage « Locus regit actum. »

C'est ce que je dis : j'accepte l'opinion que la maxime « Locus regit actum » a été suggérée par la commodité internationale et par la nécessité de garantir la validité des actes stipulés de bonne foi; mais, à mon avis, la commodité internationale seule ne suffit point pour justifier l'universalité de la maxime, laquelle à mon humble avis, est conforme à la raison et au principe fondamental du droit international privé qui, exprimé sous diverses formes parce qu'il a été examiné sous des points de vue différents par Shaffner, Savigny et Mancini a été merveilleusement formulé par ce dernier : *Territorialité, dans le droit public; personnalité, dans le droit privé.*

En fait, quel est le but des formalités des actes ? Ce n'est certainement pas la commodité des particuliers ; toutes ces formes ne sont pas une commodité, mais au contraire, un

---

(1) **Droit civil international V. II, n° 236 passim.**

empêchement pour la confection des actes, et la philosophie
du droit est là pour prouver que dans l'évolution historique
des contrats, on a obtenu des progrès en se dispensant
des formes embarassantes et fàcheuses entourées de solennités rigoureuses en vigueur dans les anciens temps.

L'unique raison des formalités des actes est donc la garantie qu'ils sont l'expression de la libre volonté des parties ; la tutelle des tiers contre le dol et la fraude ; la sau-
vegarde contre tout attentat aux intérêts généraux : de sorte
que les lois sur la forme des actes, lois d'ordre public,
d'utilité sociale et par suite éminemment territoriales, obli-
gent tous ceux qui contractent sur le territoire.

## § 4

A mon avis, le fondement juridique de la maxime « Locus régit actum » ainsi fixé, je viens à l'examen des doctrines qui en divergent.

Je commence par Merlin. Il soutient que les actes reçoivent l'existence dans le lieu où ils sont stipulés.

Mais cela est-ce bien vrai ? Considérons la question au
point de vue général : En quel lieu un contrat a-t-il son
existence, dans le lieu de la stipulation ou dans celui de
l'accomplissement?

Les savants jurisconsultes romains nous enseignent :
« Contraxisse unusquisque in eo loco intelligitur, in quo
« ut solveret se obligavit, » de sorte que, comme le dit fort
bien Savigny, à la rigueur de la logique, la forme d'un acte
juridique doit être réglée par la loi du lieu dans lequel l'acte
doit être exécuté. Ainsi les contrats devraient se faire selon
les formes légales exigées dans le lieu d'exécution, les testaments selon la forme voulue par la loi du domicile du
testateur (en Italie on dirait : de la loi nationale); les ma-
riages selon les formes prescrites par la loi du domicile du
mari (en Italie on dirait : de la loi nationale du mari).

En conséquence, juridiquement, il n'est pas vrai que la
loi du lieu, dans lequel les actes sont faits, leur donne la
vie et doit pour cela en régler la forme, et la théorie de
Merlin me paraît ne pouvoir subsister devant les bons principes du droit.

Story croit que la maxime « Locus regit actum » est fondée sur la soumission volontaire de l'étranger aux lois du
lieu où un acte s'accomplit.

Cette théorie, peut-on dire, est le résultat de la doctrine

de la volonté et de la souveraineté territoriale ainsi exposée par Hert: L'étranger devient, pour ses actes, sujet temporaire de l'état où il agit en restant cependant soumis, pour sa personne, aux lois de son pays.

Mais toutes ces opinions sont erronées. Erronée la première, parce qu'elle attribue à la volonté des parties un pouvoir que la volonté ne peut avoir : volontairement ou non, les parties doivent s'assujettir quant aux formes, aux lois du lieu dans lequel elles font des actes, lois, comme il a été démontré, d'ordre public, d'intérêt général, devant lesquelles la volonté des parties doit céder. Erronée la seconde, parce que si la maxime « Locus regit actum » était fondée sur le principe de souveraineté et de territorialité, il en viendrait la conséquence qu'en dehors du territoire, un acte perdrait son efficacité et l'on devrait recourir à la fausse théorie de la *comitas*, de l'affabilité, de la *courtoisie internationale*.

D'autres auteurs hollandais et allemands (1) partent de ce critérium : il faut distinguer les personnes, les choses et les actes; ceux-ci sont, naturellement, réglés par la loi du lieu où ils sont faits. Mais cette théorie, au contraire, ne fait aucune distinction entre la substance et la forme des actes, elle oublie que les personnes et les choses sont les sujets et l'objet des actes, de sorte que pour elle, la capacité juridique des contractants, les effets et la forme des contrats seraient toujours réglés par la loi du lieu, ce qui revient à dire : réduction au principe de territorialité absolue. Cela ne suffit pas : ainsi on ferait une étrange distinction entre l'idée et le fait puisque l'homme, abstraitement considéré, relativement à son état et à sa capacité juridique, serait régi par sa loi nationale, tandis qu'au contraire, quand il agit, quand il se met en relation avec les autres et contracte avec eux, son état et sa capacité juridique seraient réglés par les lois du lieu dans lequel il contracte.

Je dirai avec Laurent : (2) « Le droit n'est pas une abstraction, c'est une face de la vie et la vie n'est pas une formule. »

Bar arrive à nier que la maxime traditionnelle ait un fondement juridique, mais il l'admet parce qu'étant universellement acceptée, elle fait partie du droit des gens.

---

(1) Voir Laurent, op. cit.
(2) **Droit civil** p. 468.

Mais ainsi on ne fait qu'abaisser le niveau scientifique. Admettre une vérité, parce qu'elle est universellement acceptée, cela ne signifie point en démontrer la nécessité. Nous pourrons, quoique ce soit dans un camp différent, appliquer ici la phrase de Kant : « Accumulez des expériences tant « que vous voudrez, vous n'arriverez jamais au nécessaire « et à l'absolu, dans lesquels consiste la science. »

«Si le droit des gens, dit Laurent, (1) ne se composait que de règles reçues par toutes les nations sans qu'elles fussent fondées en raison, il ne mériterait pas le nom de droit. Notre science est une science rationnelle et elle cesserait d'être une science, si elle ne reposait que sur des faits». «Quand une règle, conclut-il, est reçue par toutes les nations il faut au moins supposer qu'elle a une raison d'être : ce n'est pas seulement l'utilité, car l'utilité seule n'est pas un principe. »

# CHAPITRE III

### La maxime « Locus regit actum » est-elle obligatoire ou facultative et dans quelles limites?

### § 1

S'il est vrai que, dans un raisonnement bien disposé, les conséquences découlent des prémisses, il s'ensuit qu'en cette partie les opinions des écrivains doivent nécessairement diverger et la raison en est claire : tout dépend du fondement juridique attribué à la maxime « Locus regit actum. »

Partant du principe qu'elle a été dictée seulement par raison de commodité des relations internationales pour faciliter ceux qui, à l'étranger, veulent faire des actes, il s'ensuit que la raison d'obligation cesse alors qu'il est plus commode aux parties de suivre une autre forme qui n'est pas celle dictée par la loi du lieu; par suite c'est plus qu'obligatoire, c'est facultatif.

Telle est l'opinion de Voet, Rodemburgh, Rocco, Savigny, Fœlix, Schaeffner, Wachter, Bianchi, Lo Monaco, ecc, ecc, et c'est la conséquence logique du principe par eux établi.

---

(1) Droit civil international, n° 236, p. 426.

Ceux-ci s'appuient presque entièrement sur le droit Romain et rappellent le texte des lois LL. 25, D. I 3 et 6, C. 1, 14 ainsi conçues.

L. 25, D. I. 3 :« Nulla iuris ratio aut aequitatis benignitas patitur, ut quæ, salubriter, pro utilitate hominum introducentur, ea nos duriore interpretatione contra ipsorum comodum producamus ad severitatem. »

L. 6, C. I. 14 : « Quod favore quorundam costitutum est quibusdam casibus ad laesionem eorum nolumus inventum videri. »

D'autre part ils disent, ce principe obligatoire aurait pu subsister avec un droit éminemment territorial, avec un droit féodal, mais si l'on considère que cette règle spéciale est faite pour favoriser les parties et faciliter les transactions civiles on ne saurait douter qu'elle est purement facultative, de sorte que l'on peut choisir entre la forme du lieu dans lequel l'acte se fait et celle du lieu dans lequel en réalité l'acte juridique est soumis.

Les écrivains Anglo-Américains (1) admettent que la règle est facultative. Philimore écrit : Les formes prescrites par la loi du lieu où l'acte se fait ne sont pas absolument nécessaires, mais simplement, au dire des jurisconsultes, facultatives, c'est-à-dire qu'elles sont laissées à la volonté des parties qui les adoptent ou les refusent, pouvant toujours choisir la forme du lieu auquel l'acte se réfère. La vraie raison pour laquelle on peut décider si le critérium de la *lex-loci* est facultatif ou non se trouve dans l'examen du but, si ce but est de favoriser et aider les parties et faciliter leurs actes, s'il en est ainsi, il est, généralement, admis quelle est facultative et laisse aux parties la faculté d'adopter la forme de lieu où l'acte s'accomplit.

Wharton (2) se joignant complètement à une idée toute américaine, admet le droit de choix et par suite la faculté de la maxime, sauf le cas ou la loi locale impose le timbre.

§ 2

Je laisserai, pour le moment, la réfutation de cette doctrine, ce qui serait une répétition inutile de ce que je dirai après, mais je déclare que je suis pour la théorie de l'obligation.

---

(1) Wharton, S. 678, op. cit.
(2) Wharton, S. 685, op. cit.

La doctrine que la maxime « Locus regit actum » est obligatoire a été acceptée par de Castro qui écrit : « Statutum « afficit actus celebratos in loco statuentium, quia dicuntur « ibi oriri et nasci » et par Dumoulin qui l'expose comme une *communis opinio* : « est omnium doctorum sententia, u- « bicumque consuetudo vel statutum locale disponit de so- « lennitate vel forma actus, ligari etiam esteros ibi actum « illum gerentes. » *(Cons. 53 t. II.)* p. 9657.

Or, étant admis, comme je l'ai fait, que ce n'est point une raison de convenance et de commodité internationales qui a fait accepter la maxime « Locus regit actum, » mais bien qu'elle a une base rationnelle, qu'il s'agit d'une matière d'ordre public et d'intérêt général devant laquelle la volonté des parties doit s'arrêter, il s'ensuit nécessairement que la maxime est obligatoire et qu'autrement elle ne pourrait exister.

Merlin, Laurent, Story, Westlake et Agnetta Gentile sont de cet avis tout en partant de principes différents.

Laurent dit (1) : « En cette matière tout est de rigueur et d'ordre public; rien n'est abandonné à la prudence des parties, la loi en règle les formes par des considérations d'intérêt général ce qui exclue l'autonomie des particuliers. La forme des actes ne dépend pas de la volonté des parties, elle ne dépend pas non plus du statut personnel puisqu'il n'a rien de commun avec la forme des actes; en conséquence, il faut appliquer la loi locale, elle est obligatoire. »

Westlake (2) rejette l'opinion qui donne aux étrangers le choix entre les formes imposées par les lois du lieu et celles de leur domicile en disant que cette opinion viole la communauté des lois, qui est le principe du droit international privé « as breaking in on the principle of private international jurisprudence».

Agnetta Gentile (3) est le seul auteur qui en admettant que la maxime « Locus regit actum » a sa base et sa raison d'être dans la commodité internationale, par motif d'utilité pratique et non dans un principe de jurisprudence philoso-phique, admet cependant, guidé par son bon sens et la justesse de ses vues, que la maxime est obligatoire.

« La théorie que la règle soit obligatoire, écrit-il, avant

---

(1) op. cit., vol. II, n° 245.

(2) op. cit. § 683.

(3) op. cit., p. 119 et suivantes.

ᵗout est la plus simple, puisque ceux qui sont pour la faculté sont obligés d'établir une quantité de distinctions et de sous distinctions qui embarassent la matière et lui enlèvent toute clarté. Il suffit de lire ce qu'écrit à ce sujet Massé, lequel est très bien refuté par Laurent; il suffit de voir comment en cela Fiore devient confus et incertain, malgré son bon sens, pour se convaincre que le défaut réside dans l'opinion et non dans ses défenseurs.

«Et le vice réside en ceci: qu'on enlève à la forme des contrats la certitude de la loi à laquelle ils doivent se rapporter pour connaitre leur validité. Assurément cela dans un semblable argument est d'une importance capitale. En effet la théorie devient simple dès que l'on admet que le principe est obligatoire. Je reconnais moi aussi qu'une semblable raison n'est pas de nature purement juridique, mais le principe que l'on applique ne l'est pas non plus, s'il est vrai que l'usage même a eu pour cause la plus grande facilité des rapports internationaux. »

J'ajouterai une observation : non seulement la simplicité n'est pas une raison juridique mais il ne suffit point qu'une doctrine soit simple pour être vraie et juste ; bien souvent, par manie de simplifier on tombe dans l'erreur. Cet argument, à mon humble avis, n'est pas d'un grand poids et se ressent un peu du vice caché dans le critérium qu'Agnetta pose pour base de la maxime.

L'argument qui, au contraire, a une importance sérieuse pour trancher la question est le suivant : Quel est le *désideratum* du droit international privé pour les relations entre nations? Que l'étranger soit entièrement assimilé au citoyen pour la jouissance des droits civils, ou mieux, que l'étranger et le citoyen soient placés dans des conditions identiques devant la loi, désidératum que le code civil italien a réalisé dans son article 3 : « *L'étranger est admis à jouir des droits civils attribués aux citoyens.* » Or donc, quand on donne la faculté à l'étranger de choisir entre la loi du lieu dans lequel il se trouve et sa propre loi, faisant abstraction de ce que l'on soumet au choix des parties une matière qui, par sa nature, lui est soustraite, on place l'étranger dans une condition meilleure que celle du citoyen qui pourrait lui, se dire privilégié, ayant le droit de faire usage de formes non plus imposées mais offertes par des lois diverses, sans autre obligation que celle du choix. Une grave difficulté surgirait quand il s'agirait d'apprécier la validité d'un acte alors que les parties sont nombreuses, de différentes nations et n'ont point déclaré à quelle loi elles ont voulu se référer, il faudrait alors commencer un travail d'interprétation pour savoir à quelle loi les parties ont voulu soumettre le contrat, si c'est à celle du lieu où elles ont contracté ou à celle du lieu dans lequel il doit s'exécuter ou enfin à celle du lieu où l'acte sera produit en justice ou encore à la loi personnelle de l'un des contractants.

Agnetta dit bien en concluant : je préfèrerais que l'on niat l'efficacité du principe « Locus regit actum » obligeant ainsi chacun à contracter selon les formes imposées par les lois de son pays ou à ne pas contracter, plutôt que de conduire ce principe à de semblables conséquences.

Le *porro unum necessarium* en cette matière consiste en ce que la maxime soit obligatoire et cela a été consacré par le code italien à l'article 9.

§ 3.

Cependant il se soulève ici une importante question. En certains cas est-il permis de déroger à l'obligation de la maxime « Locus regit actum » ?

Laurent (1) après avoir fait la critique de la doctrine de Massé, qui est pour la faculté, observe : « Il y a une idée
« juste dans la théorie de Massé, c'est que la loi du lieu
« où l'acte est passé n'est pas un principe absolu, seulement
« il est difficile de préciser la limite où il s'arrête et plus
« difficile encore de décider par quelle loi on doit rempla-
« cer l'adage traditionnel : ce ne peut être la loi du lieu
« où le contrat s'exécute, car cette exception absorberait
« la règle; je crois qu'il faut chercher l'exception dans le
« principe de nationalité. »

C'est le système du code italien.

Et le code italien trouvait des précédents dans la doctrine. Déjà Paul et Jean Voet (2) et Rodemburgh (3) avaient soutenu qu'un testament revêtu des formalités du domicile du testateur et non de celles du lieu dans lequel il avait été fait, était valide pour les biens soumis à la loi domiciliaire : « Quid statuendum sit, si quis in loco aliquo actum
« il s'agit des testaments) gerens, neglectis loci istius so-
« lemnibus, adhibuerit ea quæ vel domicilii locum vel rei

---

(1) op. cit. vol. II. n° 246.
(2) De statutis, sec. 9. chap. 2.
(3) De jure conjugum, t. II, chap. 2.

« sitæ statuta requirunt, sive diversa illa sint, sive paucio-
« ra ? Mysingerus quidem et Michael Grassus, actus ita ges-
« tos nullius fore momenti prœnunciant, sive actum gerens
« domicilii locum servaverit solemnia domicilii, sive ea
« quœ requirebantur in loco rei immobilis suæ, *sed sine*
« *iusta ratione.* »

Et Hertius, avec beaucoup de précision et de justesse
scientifique dit : « Non valet regula (« Locus regit actum ») si
« actus a solo agente dependeat et hic sit externus, vel si
« actus inter duos celebretur. v. g. pactum et uterque pa-
« ciscens sit externus et unius civitatis civis : *dubitandum*
« *enim non est actum a talibus secundum leges patriœ*
« *factum in patria valere.* »

Rocco observe très bien que « cette exception n'offense
pas la stabitité des principes puisque l'acte ainsi fait ne porte pas atteinte à la juridiction du pays dans lequel l'acte se
passe, car il concerne un droit réel que réfléchit la chose
placée hors du territoire, ne porte pas atteinte à la juridiction du lieu où la chose est située, parce qu'on lui rend sa
première intégrité et elle regagne un droit qui naturellement lui appartient et qui, seulement, à cause de graves
raisons du bien universel a dû souffrir une réduction.» (1).

Rocco aurait dû se placer à un point de vue plus large
et au lieu de se restreindre au principe de territorialité donner une plus grande ampleur à l'exception admise dans le
cas ou il s'agirait de deux concitoyens traitant en territoire
étranger.

Il est de principe que la forme des actes est une matière
d'ordre public, mais il existe aussi le principe de nationalité et de communauté des lois des parties contractantes et
quand ces deux principes d'égale force sont en désaccord,
je crois que l'on doit donner la préférence à celui pour lequel militent les raisons d'utilité et de commodité internationales, c'est-à-dire en ce cas, au principe de nationalité
des parties.

Ainsi pour les actes, qui ne dépendent pas d'un seul agent
ou qui disposent de biens situés dans la patrie, ou qui, enfin, concernent d'autres rapports juridiques, quand les contractants sont de la même nation on peut élargir l'exception
indiquée pour des cas spéciaux par Voet, Rodemburgh et
Rocco.

Dans ce cas, ajoute Laurent, l'acte est réputé avoir été

---

(1) op. cit., L. III, chap. 4.

rédigé dans leur pays, de sorte que l'on reste sous l'empire de la règle « Locus regit actum » (1)

Le législateur italien partant de ce principe dit à l'article 9 des dispositions préliminaires :

« Les formes extrinsèques des actes entre vivants et de dernière volonté sont déterminées par les lois du lieu dans lesquels ils sont faits. Cependant il est réservé aux contractants ou disposants la faculté de suivre les formes de leur loi nationale pourvu que celle-ci soit commune à toutes les parties. »

Pour le code italien, comme on a déjà observé, la maxime « Locus regit actum » est obligatoire; elle est seulement facultative dans le cas ou les deux contractants ou disposants appartiennent à la même nation. Il est cependant étrange que, dans le procès-verbal de la commission de coordination, l'expression soit en contradiction manifeste avec la pensée du législateur.

Il est utile de se référer textuellement au procès-verbal: « En maxime, on retient que la règle ainsi appelée est purement facultative. Ainsi enseignent la doctrine universelle et la jurisprudence constante.

Toutefois on a observé que si cela était possible, lorsque les contractants appartiennent tous au même pays étranger il en était autrement lorsqu'ils appartenaient à divers pays étrangers, et dans ce cas la règle « Locus regit actum » doit être obligatoire puisqu'il manque une loi permettant aux contractants de choisir une forme différente de celle sanctionnée par les lois du lieu où le contrat se forme: Titre celui-ci qui, dans la première hypothèse, résidait précisément dans la communauté des lois de toutes les parties qui s'y référaient. Cependant, poursuivait-on : sauf pour les disposants ou contractants appartenant à un même pays étranger, la faculté d'observer les formes établies par leur propre loi nationale.

La contradiction est évidente : on dit tout d'abord que la règle est facultative et puis on dit que la règle est facultative dans le seul cas où les contractants ou disposants sont concitoyens; c'est-à-dire qu'en principe la règle est obligatoire et qu'elle est facultative dans le cas où les contractants sont de la même nation.

_______________

(1) Laurent. — Avant projet de révision du code civil, art. 20, p. 137.

L'idée est trop claire pour que je doive m'y arrêter davantage.

§ 4.

Prenant à la lettre l'article 9 du Code civil Italien, on peut à la rigueur tirer une conséquence déjà observée par Agnetta.

L'exception faite pour les contrats conclus entre nationaux peut très bien s'étendre aux contrats unilatéraux. En fait, ils ne contiennent que la volonté d'une seule personne qui s'oblige; de l'acceptation on n'en tient pas compte; de sorte que pour les contrats unilatéraux l'on peut suivre, quant à la forme, aussi bien la loi du lieu dans lequel on stipule que celle de son propre pays. Un précédent législatif, que l'on pourrait dire, le germe de ce principe, se trouve dans le code français à l'article 999 du Code civil, qui porte : *un français qui se trouvera en pays étranger pourra faire ses dispositions testamentaires par acte sous signature privée ainsi qu'il est prescrit à l'article 970.* (775 du code civil italien) c'est-à-dire par testament olographe. Cette disposition trouve sa raison d'être dans le fait que pour un testament olographe le lieu dans lequel il se forme est indifférent.

Maintenant, si le législateur permet de faire un testament à l'étranger, dans les formes prescrites par la loi nationale, avec beaucoup plus de raison devra-t-on étendre cette permission à tous les actes unilatéraux, qui peuvent être d'une importance bien moindre que celle d'un testament. Le législateur italien n'a pas senti le besoin de répéter la disposition de l'article 999, puisque la rédaction de l'article 9, claire et précise, porte comme conséquence nécessaire le principe sus-énoncé.

Rocco avait fait à ce propos, une observation de laquelle il est nécessaire que je m'occupe. « Dans les contracts unilatéraux, écrit-il, on peut suivre la forme établie par la loi de son pays, alors que l'on dispose de biens qui y sont situés car, lorsqu'on dispose des biens situés dans une autre nation, on doit rigoureusement suivre la loi du lieu dans lequel l'acte se fait. »

En d'autres termes, le principe de Rocco est celui-ci : la loi du lieu où l'acte s'accomplit à une grande extension ; l'acte revêtu de ces formalités est valide sur le territoire de tous les autres états, tandis que l'acte fait à l'étranger avec les formes voulues par la loi nationale, a seul une valeur dans les confins de son territoire : *lex ultra territorium non valet.*

Je crois que cette théorie n'est pas admissible de notre temps et l'erreur dérive du principe de territorialité absolue duquel Rocco n'a pas su se délivrer, comme j'ai eu déjà l'occasion de le faire remarquer.

Si l'on considère que les nations vivent en communauté de droit, principe sans lequel le droit international ne pourrait pas exister ; que la résidence temporaire d'un national à l'étranger ne le soumet pas à ces lois ; que les raisons sus-exposées, pour lesquelles le législateur a permis aux nationaux de suivre les formes prescrites par leur loi nationale ont leur entière efficacité, il me semble que la conséquence est évidente, l'acte unilatéral fait à l'étranger avec les formes imposées par la loi nationale est valide partout : *valet ultra territorium*.

# CHAPITRE IV

## A quelles formes s'applique la maxime · Locus regit actum.

### § 1

La doctrine relative à la forme des actes a adopté depuis longtemps la distinction des formes *habilitantes, intrinsèques, d'exécution, extrinsèques ou probantes*.

Je ne m'occuperai pas de la théorie de Boullenois, lequel, comme l'établit très bien Laurent, fait une déplorable confusion entre les preuves, les solennités, l'authenticité et les formalités ; mais, au contraire, je chercherai à déterminer exactement la signification juridique des distinctions sus-indiquées et d'en démontrer les défauts.

### § 2

Les formalités *habilitantes*, comme l'exprime la parole même sont celles qui habilitent à faire un acte ; en termes plus précis, celles qui renferment les conditions indispensables pour compléter la capacité juridique des personnes, qui, autrement, seraient incapables. Par exemple: l'autorisation maritale pour que la femme puisse ester en justice ; l'autorisation du conseil de famille et l'homologation du tribunal, pour qu'un tuteur puisse aliéner les immeubles et transiger, etc., etc.

Maintenant ces prétendues formalités ne sont que les qualités essentielles requises pour le complément de la capacité juridique et par suite appartiennent à cet ensemble des rapports de droit qui ont été compris sous la dénomination de *rapports d'état et de capacité* et sont réglés par la loi nationale et non par la loi du lieu. (Article 6, dispositions préliminaires du Code civil italien).

§ 3

Les formalités *intrinsèques* sont celles qui constituent l'essence du contrat, *quæ dant esse contractui*, et sans lesquelles le contrat n'aurait pu exister : par exemple les formalités intrinsèques dans un acte de vente sont : *le consentement, la cause et le prix*.

Mais l'expression *formalités intrinsèques* comprend dans ses termes une contradiction, admettant que la forme puisse être quelque chose d'intrinsèque, c'est-à-dire que la forme puisse devenir substance.

Les scolastiques se sont beaucoup fatigués pour démontrer que ce qui est dessous c'est la substance et ce qui est dessus c'est la forme et que la substance est telle quelle substat à quelque chose qui y est dessus, la forme; de sorte qu'il paraît impossible que, faisant une distinction, digne de la philosophie scolastique, des formalités extrinsèques, intrinsèques, etc., etc., l'erreur ait pu surgir.

Les conditions nécessaires à l'essence de l'acte en constituent la substance et elle est en général réglée par les lois du lieu dans lequel l'acte a été fait et si les contractants étrangers appartiennent à une même nation, par leur loi nationale, sauf dans chaque cas la démonstration d'une volonté contraire. (Article 9, dispositions préliminaires.) On laisse donc à la volonté du contractant de déclarer à quelle loi il a voulu soumettre la substance du contrat et on lui laisse la liberté de manifester sa volonté dans le sens qu'il lui plaît dans les limites indiquées par les lois d'ordre public et les lois prohibitives.

Au fond, les formalités intrinsèques, ne sont point des formes, mais elles sont les *éléments essentiels* pour l'existence de l'acte.

## § 4

Les formalités *d'exécution* concernent toutes les qualités nécessaires pour qu'un acte parfait puisse avoir sa pleine exécution ; par exemple : l'enregistrement, l'apposition de la formule exécutoire, etc., etc., enfin ces formalités de procédure requises pour exécuter l'acte et qui n'ont aucun rapport intime avec sa validité.

Ces formalités ne peuvent être réglées que par la loi du lieu dans lequel on procède à l'exécution, puisque seule elle a le pouvoir de *commander et ordonner* aux agents du pouvoir exécutif de ce territoire.

## § 5

Il y aurait d'autres formalités que l'on pourrait appeler *de publicité* et qui comprennent les moyens par lequel un acte est rendu public dans l'intérêt des tiers : comme la transcription pour les actes translatifs de la propriété des biens immeubles et pour ceux de location pour une durée supérieure à 9 années : l'inscription pour les hypothèques et les privilèges, etc., etc.

Les anciens jurisconsultes ont fait confusion entre les formes de publicité et celles requises pour la validité des actes, mais la distinction est nette et claire. Ces dernières concernent l'acte en lui-même, de sorte que si elles manquaient, cet acte n'aurait aucune force probante, tandis que les premières ne sont point relatives à l'acte en lui-même, mais à ses rapports avec les tiers dans un but d'intérêt social et d'ordre public.

## § 6

Restent les formalités *extrinsèques* ou *probantes* c'est-à-dire celles qui servent à constater soit l'accomplissement des formalités dites habilitantes soit l'accomplissement des formalités intrinsèques, soit enfin tout ce qui a été fait, convenu et disposé. Sont par suite des formalités extrinsèques toutes les conditions requises pour la rédaction d'un acte notarié comme : les signatures des notaires, des témoins et les qualités que ceux-ci doivent avoir etc., etc.

Ce sont elles qui donnent aux actes un caractère déterminé ; elles ont été établies par le législateur en relation du degré de bonne foi, d'équité, de morale et de progrès d'un peuple. Elles sont réglées par la maxime « Locus regit actum. »

Ce principe a été codifié par le législateur italien de la manière la plus correcte, la plus précise et la plus claire, dans l'article 9 au titre des dispositions préliminaires du Code civil, déjà plusieurs fois cité: *Les formes extrinsèques des actes entre vivants et de dernière volonté sont déterminées par les lois du lieu dans lequel ils sont faits.*

Il ne faudrait pas croire que le législateur ait voulu remettre en vigueur la distinction entre les formes intrinsèques, extrinsèques, habilitantes et d'exécution, qu'il faudrait replacer parmi les vieilles restes d'une scolastique désormais disparue.

Le législateur italien trouvait cette distinction qui, bien que réprouvable, était en usage dans la doctrine et était répétée par tous les écrivains de droit, il voyait à quelle confusion elle donnait lieu dans l'application des principes, et avec sa parole il a voulu enlever toute contestation qui aurait pu surgir dans la pratique.

De nos jours la contestation peut avoir lieu en France, en Angleterre, en Allemagne, et nous avons vu que Hauss voulait étendre l'empire de la maxime « Locus regit actum » aux actes d'exécution (si de processu ordinando quæritur), mais on ne peut pas le faire en Italie et l'on doit en savoir gré au législateur italien.

---

# CHAPITRE V

### La maxime · Locus regit actum · souffre-t-elle des exceptions?

### § 1

De tout ce que j'ai dit jusqu'à présent il en résulte que, relativement aux formes extrinsèques, tous les actes publics ou privés, unilatéraux ou bilatéraux emportant transmission de propriété à titre gratuit ou à titre onéreux, testaments ou donations, achat, vente ou échange, dépôt ou nantissement, etc., etc., sont soumis aux lois du lieu où ils sont reçus.

Il reste la restriction, dans le cas où l'acte dépend *ab uno agente* ou a *duobus civibus unius civitatis*, restriction qui, dans les limites indiquées au chapitre III, ne porte aucun préjudice au principe.

## § 2

Cependant, relativement aux actes solennels, une importante question se présente. Elle est indiquée par Duranton et expliquée, avec beaucoup de doctrine, par Laurent.

Duranton (1) écrit: «les actes pour la validité desquels la loi française exige la rédaction d'un acte authentique ne pourraient être valablement faits en pays étranger que dans la forme authentique, lors même, que la loi étrangère n'exigerait pas cette solennité et se contenterait d'un acte sous seing privé.

La maxime « Locus regit actum » doit, d'après les motifs mêmes sur lesquels elle est fondée, être restreinte, à la mesure de la nécessité; la condition de l'authenticité pouvant toujours être remplie en pays étranger, il n'existe aucun motif d'en dispenser le Français qui s'y trouve.»

Et Laurent, (2) avec un grand talent, développe cette théorie : « L'application du principe aux actes et aux contrats « solennels donne lieu à une difficulté très sérieuse. On sait « qu'il y a une grande différence entre les formes des actes « solennels et les formes prescrites pour les actes non so- « lennels. L'écrit dressé pour constater une vente ne sert « qu'à la preuve, il n'est pas nécessaire pour la validité de « la vente, bien moins encore pour son existence ; tandis « que dans la donation, la forme est une condition requise « pour que le contrat existe; si ces formes n'ont pas été « observées il n'y a pas de donation : la solennité est donc « de l'essence de l'acte juridique en ce sens que l'acte n'a « aucune existence aux yeux de la loi, s'il n'a pas été rédi- « gé dans les formes qu'elle établit. Quand ces formes n'ont « pas été observées il n'y a pas de consentement et partant « pas de contrat.

« Nous en concluons qu'un contrat solennel, pour lequel « la loi française prescrit l'authenticité, ne peut pas être « reçu à l'étranger sous seing privé ; mais pour juger de « la validité de l'acte authentique reçu à l'étranger on « appliquera la loi du lieu où l'acte a été passé. En défini- « tive, dans les contrats solennels la forme, tenant au con- « sentement, est régie par la loi personnelle, mais quant

---

(1) Cours de droit français, vol. I, page 56, nouvelle édition.
(2) Princpies de droit civil, volume I, n° 99 et suivants.

« aux formes dans lesquelles un acte doit être reçu pour
« qu'il soit authentique, on appliquera l'adage «*Locus re-*
« *git actum*». L'authenticité est de l'essence de l'acte ; la
« forme de l'authenticité est une condition extrinsèque. »

## § 3

Avant de m'arrêter sur cette théorie, il me semble utile
de rappeler ce qu'écrit M. Laurent dans son traité de *droit
civil international*. (1)

« D'abord il commence de distinguer les actes solen-
« nels : testaments et reconnaissance d'enfants naturels,
« des contrats solennels : donation, contrat de mariage,
« hypothèque. Ainsi il y a, ajoute-t-il, deux ordres d'idées
« à distinguer en matière d'actes solennels : d'abord la so-
« lennité qui est de la substance de la convention ; elle dé-
« pend de la loi qui règle les conditions requises pour
« l'existence des contrats solennels et la forme de cette so-
« lennité, laquelle est régie par la maxime *Locus regit ac-*
« *tum*. S'il s'agit de la transmission de la propriété ou d'un
« droit réel, c'est la loi de la situation qui règle ces con-
« ditions puisqu'elles sont requises dans un intérêt général;
« donc la loi est territoriale. Il en est ainsi de l'hypothè-
« que.

« Pour la donation, il y a d'autres motifs également d'in-
« térêt général, qui ont engagé le législateur à prescrire
« des formes sévères. Les donations dépouillent les famil-
« les; quand la libéralité est faite dans un esprit de bien -
« faisance le donateur est dans son droit, pourvu qu'il ne
« dépasse pas le disponible; mais il y a un écueil et un
« danger, c'est la séduction, la captation qui assiègent le
« donateur et qui lui arrachent des libéralités aux dépens
« de la famille, trop souvent au profit des congrégations
« religieuses incapables de recevoir. Il faut des garanties
« pour la société, il en faut pour les individus. Le législa-
« teur doit donc intervenir dans un intérêt social, c'est-à-
« dire que les droits de la société sont en cause et, partant,
« le statut est réel.

« Le contrat de mariage est un acte solennel, par suite,
« l'authenticité est de la substance du contrat. Il y a cette
« différence entre le contrat de mariage et les autres con-
« trats solennels, c'est que la solennité ne dépend pas de
« la loi du lieu où les biens sont situés, elle dépend de la

_______________

(1) Vol. II, n** 240 et 241 passim.

« loi personnelle ou nationale des futurs époux, et s'ils
« sont de nationalité différente, de la loi du mari ; tandis
« que la solennité des hypothèques et des donations dépend
« de la loi de la situation des biens.

« Le législateur a fait du contrat de mariage un acte
« solennel à raison de l'importance de ce contrat qui
« forme un pacte entre deux famille et régit les époux
« pendant toute leur vie, ainsi que les tiers, qui contrac-
« tent avec eux, or les clauses de ce contrat sont d'une dif-
« ficulté telle, que les jurisconsultes sont parfois em-
« barassés pour en déterminer la nature et les effets.... Ces
« considérations n'ont rien de commun avec le territoire,
« elles sont toutes personnelles, donc le statut est person-
« nel, c'est-à-dire national. »

On pourrait croire que Laurent aurait dû s'arrêter ici et
qu'il ne se serait plus occupé de cet argument, mais au contraire, il continue de le traiter avec plus d'étendue et de
doctrine dans le chapitre : *Donations et Testaments. —
Formes* (1).

Je ne veux pas répéter ce que Laurent dit sur la solennité, sur la différence entre les solennités et les formes, et
sur celle entre actes nuls et actes inexistants, distinction
peu connue dans l'ancienne doctrine mais plus étudiée et
plus connue dans la moderne, et je viens tout d'abord à
la question.

De quelle loi dépend la solennité de la donation ?

Le jurisconsulte de Gand répond en ces termes : « Il
« faut voir pour quel motif la loi a fait de la donation un
« contrat solennel. C'est pour avoir une garantie que la li-
« béralité est l'acte d'une volonté libre et d'une conscience
« éclairée, cette considération tient à des causes essentiel-
« lement personnelles ; donc c'est le statut personnel qui
» décide si le statut est personnel ou réel. Cette décision
« n'est pas absolue, car les motifs pour lesquels la loi éta-
« blit la solennité peuvent varier d'un pays à l'autre.

» Dans l'ancien droit on aurait décidé, sans aucun doute
« que le statut de la solennité est réel, parce que les for-
« mes solennelles avaient pour objet d'entraver les dona-
« tions afin de conserver les biens dans les familles ; ce
« qui rend le statut réel ; et on peut encore soutenir aujour-
« d'hui comme je l'ai supposé dans ces études que le statut

---

(1) Laurent. - Droit civil international, vol. VI, n° 390 et suivants.

« est réel puisque le législateur français a consacré la tra-
« dition en cette matière. La solution est douteuse dans
« l'espèce, parce que les principes d'où dépend la solen-
« nité sont douteux. En se plaçant sur le terrain du droit
« moderne, on doit admettre, à mon avis, que le statut de
« la solennité est personnel, puisque l'esprit de notre droit
« n'est plus de conserver les biens dans les familles. » (1)

## § 1

Je dois confesser que l'insistance, la copie de doctrines
et d'arguments avec lesquels Laurent développe sa théorie
m'ont forcé de m'y arrêter longtemps et de l'approfondir
du mieux que je pouvais, mais je ne suis point resté con-
vaincu. Dans sa dernière expression la théorie de Laurent
se réduit à ceci : dans les contrats solennels il y a un autre élément nécessaire à l'existence du consentement, de
la convention, cet élément est la solennité :

Avec tout le respect dû à l'illustre jurisconsulte, je me
permets de remarquer qu'il n'en est pas précisément ainsi.

Je justifierai mon opinion.

Dans un contrat il faut distinguer la convention et l'é-
crit, éléments qui, par leur nature, sont substantiellement
différents, comme le fait juridique est distinct de la preuve
par laquelle on l'établit, comme le contenant et le contenu, puisque le contrat contient la preuve des conventions
et des pactes qui ont été consentis.

De ce principe découle la conséquence que les conditions
essentielles à l'existence d'un contrat sont seulement celles
qui sont relatives à la convention.

Et si le législateur avait dû seulement examiner l'intérêt
des contractants, il ne se serait pas occupé du tout de
régler les formes des contrats. Mais indépendamment de
l'intérêt des contractants il existe l'intérêt des tiers, l'intérêt public et c'est dans l'intention de protéger ces intérêts,
que le législateur a dû nécessairement s'en occuper

Et étudiant la matière ardue des formes il a dû recon-
naître que, si dans la majeure partie des cas, on pouvait
laisser aux contractants la libre faculté de revêtir leurs

_______________

(1) Voir aussi Demolombe — Cours de Code napoléon, vol. I § 106
Fœlix op. cit. — Merlin, répertoire.

conventions des formes qui leur convenaient le mieux, en se contentant de régler les moyens de preuve quand ils manquaient, il y avait cependant certains cas dans lesquels, pour de graves considérations d'intérêt général et d'ordre public, il fallait ordonner des formes déterminées nécessaires non seulement à l'existence des conventions mais, à leur validité et à leur efficacité juridiques.

De là, la diversité que l'on rencontre dans les différents codes et dans les diverses législations, parce que, dans certains, la liste des actes, pour lesquels on prescrit des formalités déterminées comme conditions nécessaires à leur validité et à leur efficacité juridiques a été élargie, et pour d'autres elle a été, au contraire, restreinte (Art. 1314 du Code civil Italien.)

Comme corollaire de ces principes il dérive, que lorsqu'il manque une des qualités essentielles à l'existence du contrat: capacité de contracter; consentement valide; objet déterminé, cause licite pour s'obliger — (Art. 1004 du code civil Italien — 1108 du code civil Français) le contrat est *inexistant*, il n'a jamais existé : alors, qu'au contraire, il manque une des qualités de forme, indiquées comme étant essentielles pour l'efficacité juridique de la convention (contrat, acte public, présence de certains fonctionnaires, etc. etc. le contrat est *nul*, c'est-à-dire qu'il est *mort-né*.

Et ainsi s'explique la différence entre actes *inexistants* et actes *nuls*, distinction qui, dans la doctrine moderne, va, de jour en jour, acquérant un plus grand développement et une détermination plus précise.

Et si Laurent avait apporté une plus grande attention à la précision du langage, chose qu'il recommande tant, il ne serait pas arrivé, par voie de déduction, à une conséquence que la logique n'admet point et que la raison réprouve.

Et une autre conséquence, c'est que la forme des actes solennels ou non, concerne toujours la validité et l'efficacité juridiques des contrats; aussi il faut veiller au but qui a été visé par le législateur : si ces formes servent simplement à la preuve des actes ou bien si elles ont les conditions essentielles pour leur validité ; parce que, dans le premier cas, le législateur permet de suppléer par d'autres moyens à l'insuffisance de preuve ; dans le second cas, c'est interdit, et le contrat n'a aucune efficacité juridique.

En effet, le même jurisconsulte dans une œuvre récente : *Avant projet de révision du code civil*, déterminant le but des formes extrinsèques écrit : « Les formes extrinsèques

« sont prescrites pour la *validité* des actes destinés à ser-
« vir de preuve. »

Et dans les principes de droit civil (1) il écrit : « Quand
« la loi personnelle n'exige pas l'authenticité on se conten-
« tera d'un acte sous seing privé. Si donc un anglais faisait
« une donation il pourait la faire sous seing privé, les
« tribunaux français admettraient la validité de cette don-
« nation pourvu que l'on eut observé les formes prescrites
« pour les écrits sous seing privé par la loi du lieu où l'ac-
« te est passé. »

Or, les formalités prescrites par les articles 1325 et 1326
du code civil français pour les actes sous seings privés —
nombre des originaux, indication de leur nombre, écriture
en toutes lettres de la somme et de la quantité des marchan-
dises consignées — importent peu à l'essence de l'acte mais
ils servent à sa validité, de sorte que s'ils manquaient, l'acte ne serait point valable, il serait inefficace.

Cela posé, quelle différence existe-t-il entre les formes
prescrites pour les actes non solennels et celles prescrites
pour les actes solennels? Peut-on soutenir que les formes
solennelles agissent sur le consentement, sur la substance
de l'acte ?

Le consentement, comme élément psychologique, existe
dans la rencontre des deux volontés, indépendamment de
la manifestation et de la forme de manifestation. Le consentement, comme élément juridique, existe dans son expression littérale, sans avoir besoin d'aucune formalité ou
solennité; mais le législateur, en certains cas, poussé par
l'importance de quelques actes a voulu les entourer de
formes déterminées qui sont, pour ainsi dire, des sanctions requises à peine de nullité. Ces formes rigides et
sévères sont indispensables, non point pour l'existence
du contrat ni parce qu'elles font partie de la substance, mais seulement pour la validité de l'acte ; elles servent
autant que les formes moins embarrassantes et moins solennelles qui sont requises pour les actes non authentiques
et non solennels: échange, vente, etc., etc...

Soutenir que la solennité soit essentielle au consentement, ce serait ressusciter les *literarum obligationes* du
droit Romain, dans lequel la rédaction par écrit de l'objet
du contrat est la seule base juridique de l'obligation. (2)

---

(1) Vol I § 99.
(2) Serafini — Istituzioni di D. Romano § 105.

Ainsi donc, si la différence entre l'acte solennel et non solennel est purement et simplement une différence de forme, il s'ensuit que l'acte rédigé en forme non authentique ou par acte privé, dans une nation qui admet cette forme, équivaut à l'acte rédigé en forme authentique dans une nation dans laquelle cette forme est requise. La maxime « Locus regit actum » a son plein et entier effet. — Et non seulement les principes, mais aussi les raisons d'utilité, de commodité internationale et de nécessité, qui ont déterminé la primauté de la maxime, nous conduisent à cette conséquence.

« Qu'arriverait-il, fait remarquer Demolombe, si l'officier « public étranger refusait de recevoir un acte qui n'est « point dans ses attributions et pour lequel, en effet, il n'a « pas de pouvoir, puisque dans le pays où il est institué « cet acte ne se fait que sous seing privé ? »

Il en dériverait tous les dangers que l'on a voulu éviter ; l'équité, l'intérêt public en souffriraient ainsi que la bonne foi, qui commandent la stabilité des contrats, loyalement faits, suivants les formes du pays où ils ont eu lieu, les seules formes qui aient été indiquées et même aient pu être indiquées à la partie qui s'en informait.

§ 5

Le vice de la théorie de Laurent, cependant, se manifeste bien mieux dans l'application, alors qu'il s'agit d'établir à quelle loi doit être soumise la solennité des divers actes et contrats solennels: si c'est à la loi du lieu dans lequel sont situés les biens ou à la loi personnelle des contractants. La contradiction, alors, est évidente, puisque dans deux rapports juridiques pour lesquels existent les mêmes raisons de décision, il arrive a des conséquences opposées. En effet, relativement aux donations et au mariage, l'illustre jurisconsulte écrit : (1).

« Les donations dépouillent les familles, la séduction et « la captation assiègent le donateur et lui arrachent des li- « béralités aux dépens de la famille, il faut des garanties « pour la société, il en faut pour les individus, le législateur « doit donc intervenir : *le statut est réel.* »

« Le contrat de mariage forme un pacte entre deux fa- « milles et régit les époux : il s'agit d'intérêt social ; or, en

_____________

(1) **Droit** civil international II, vol. 241, passim.

« matière d'hypothèques et de donations, l'intérêt est ter-
« ritorial et le statut de la solennité est aussi territorial ; en
« matière de conventions matrimoniales l'intérêt est per-
« sonnel et partant *le statut est personnel.* »

Or donc, quelles sont les raisons qui autorisent les solutions diverses?

Peut-être les donations intéressent-elles l'état économi-
que et juridique de la propriété? Non : Laurent lui-même
confesse qu'elles intéressent la famille et puisque la famille
est un des organismes essentiels de la société, elles intéressent la société. Mais aussi le mariage intéresse la famille, il la crée même, il en pose les bases et par suite il
intéresse la société. La conséquence doit être identique dans
l'un et l'autre rapport juridique : *ubi eadem ratio, ibi i-
dem jus.*

De deux choses l'une : ou Laurent estime que la *réalité*
du statut est déterminée par l'intérêt social, et alors aussi
bien le mariage que la donation, quant à la solennité, doivent être réglés par le *statut réel*; ou Laurent estime que
la matière spéciale du droit social, criterium plus rationel
et plus juridique, détermine la loi qui doit régler la solennité, et alors, puisqu'il a démontré que les donations et le
mariage intéressent l'ordre des familles et que les intérêts
et rapports de famille sont régis par la loi nationale, il faut
conclure que les uns et les autres doivent être réglés,
quant à la solennité, par le *statut personnel.*

Et ainsi dans son sixième volume, guidé par son esprit
perçant et son bon sens naturel, il répudie les conséquences de ce faux système et il confesse que, dans la doctrine
moderne, on doit admettre, que pour la donation le statut
de la solennité est personnel, parce que l'esprit du droit
moderne ne tend pas à conserver les biens dans la famille.

## § 6

Mais retournons à l'argument de la solennité.

Admettons que, dans tous les actes et contrats non solennels, les formes extrinsèques ou instrumentaires servent ex-
clusivement à la preuve des actes; admettons que pour
certains actes le législateur ait établi des formes spéciales
et solennelles, que pour eux la forme influence sur le consentement et que tout acte non rédigé en cette forme soit
non seulement nul ou mort-né, mais inexistant, c'est-à-dire
qui n'a jamais existé. Admettons aussi tout ce que veut
Laurent.

Mais, dira-t-on pour cela qu'en tel cas la forme est partie intégrante de l'essence du contrat, dirait-on que dans ces actes, ce qui est seulement une formalité pour la rédaction ou *instrumentation* devient substance, que le consentement et la forme sont tout un ?

La logique et le bon sens répugnent à cette conclusion.

Il est vrai que le législateur, pour certains actes qui intéressent la famille et la propriété, les deux pivots de la société a prescrit des formalités sans lesquelles l'acte n'a aucune efficacité, mais je le répète encore une fois : entre ces formes et le consentement il faut distinguer, elles servent seules à garantir la conscience, la liberté de ce consentement, elles restent toujours formes et ne deviennent jamais partie intégrante du contrat.

Et le législateur les a prescrites en conséquence du degré de bonne foi, de développement intellectuel auquel un peuple est parvenu ; je dirai, appliquant ici, ou mieux encore, étendant à cette matière le principe énoncé par Bagehot : si l'on veut connaître l'indice de bonne foi auquel un peuple est arrivé dans les conventions, il faut examiner les formalités plus ou moins rigoureuses que le législateur a prescrites pour la rédaction des actes.

De sorte que dans une nation on requiert pour un acte l'observation de formalités déterminées, tandis que dans une autre nation on n'en requiert aucune. En France et en Italie la donation doit se faire par acte authentique ; en Allemagne on peut très bien la faire par acte sous seing privé ; en France et en Italie le testament verbal n'est pas admis ; en Hongrie on peut faire un testament verbal.

Or, pourrait-on soutenir que le consentement, la conscience, la liberté existent parce qu'il y a présence du notaire et de témoins et que, par suite, la propriété se transmet ; tandis que, dans le cas contraire, le consentement, la conscience, la liberté manquent et que la propriété ne se transmet point ? L'erreur est évidente.

Et le même Laurent, (1, plus loin, revient sur ses idées et fait une complète rétractation : « l'écrit que le testateur « dresse de ses volontés dernières constate sa volonté de « disposer pour cause de mort, mais ce n'est point cet écrit « qui transfère la propriété de la chose léguée : cela est « élémentaire. » Il y a des lois qui admettent le testament verbal, sans aucun écrit ; c'est la volonté du testateur qui

---

(1) Droit civil international, vol. VII, page 17.

transmet ses biens, la volonté est déclarée devant témoins, leur témoignage constatera, au besoin, la déclaration du testateur, mais on ne dira certes pas que c'est ce témoignage qui transfère la propriété.

Eh bien ! *l'écrit* tient lieu de *témoignage, c'est une preuve plus sûre mais ce n'est toujours qu'une preuve.*

Il y a plus. Dans ses principes de droit civil faisant une rigoureuse critique de l'article 2128 du code qui déclare non valable l'hypothèque consentie à l'étranger sur des biens situés sur le territoire national, il examine et combat les diverses raisons qui pourraient légitimer ces dispositions et arrivé à l'argument de la solennité, il dit : « on ne peut pas se prévaloir du **caractère solennel de cet acte,** *car la solennité consiste en formes* ; or, il y a un principe universellement admis en matière de formes, c'est qu'elles sont déterminées par la loi du pays où l'acte est reçu. » (1

On dirait, que celui qui a écrit ces paroles soit tout autre que Laurent, qui a soutenu la théorie de la solennité, cependant c'est bien lui-même ; seulement cette fois, les principes rationnels du droit réagissent sur la métaphysique et les sophismes qui en sont la conséquence.

Je clos cette partie en me référant à un passage de Sérafini, dans lequel la rectitude de l'expression coïncide parfaitement avec l'exactitude des principes juridiques. «Quel-
« quefois, écrit-il, il est utile d'observer certaines solen-
« nités de formes, lesquelles consistent tantôt dans l'em-
« ploi d'expressions déterminées, tantôt dans l'intervention
« de témoins, tantôt dans la rédaction par écrit d'un acte
« et même dans l'assistance d'officiers publics. L'accom-
« plissement de ces solennités toutes les fois que la loi les a
« expressément prescrites pour la validité d'un acte et non
« seulement pour établir une preuve, est essentiel pour
« l'existence juridique de *l'acte* et leur inobservation pro-
« duit invalidité de *l'acte*. » (2)

## § 7

Et le débat se renouvelle ou mieux se répète pour les testaments.

Je crois opportun de jeter un regard sur le débat du côté historique.

---

(1) Principes de droit civil, vol. XXX, page 42.
(2) Serafini — Is.ituzioni di D. Romano, § 29.

Laurent dit, que l'opinion la plus ancienne se prononçait pour la réalité du statut des formes, dans le se s, que les formes des testaments étaient réglées par la loi du lieu où les biens étaient situés. Cela est inexact, puisque, comme nous l'avons vu, ce fut Barthole de Sasso-ferrato, qui, examinant, pour la première fois, la question, précisément relativement aux testaments avait conclu que, pour la forme extrinsèque, il fut appliqué la règle : *Locus regit actum*.

Burgunde et Massuer dirent que le statut des formes dans le testament était réel, mais Rodemburgh, bien qu'il considére comme décisives les raisons de Burgunde, se prononce pour la maxime *Locus regit actum*, laquelle prévaut dans **la doctrine et la jurisprudence.**

Boullenois la justifie de **la manière suivante** :

Le testament est un acte solennel qui contient la dernière volonté de l'homme ; cette volonté doit être certaine, c'est-à-dire que l'on doit être certain par un acte fait en bonne forme que la personne a bien voulu ce qu'elle exprime, parce qu'il s'agit seulement de formalités *attestatoires* Or, qui peut attester la vérité d'un acte sinon la loi du lieu où il a été fait et sous l'empire de laquelle il a été rédigé ?

Cette opinion a été acceptée par la majorité des écrivains : Fœlix, Savigny, Rocco, Schaffner, Lo Monaco, Agnetta, etc., etc.

Eichorn y apporte la restriction suivante: le testament est valable si le testateur meurt en pays étranger, mais s'il retourne dans sa patrie il devient nul, au moins dans le cas où la loi nationale n'admet point les testaments de cette espèce.

Savigny, à ce propos, écrit : je ne crois pas que cette restriction soit conforme aux principes et il me semble qu'elle n'a pas trouvé beaucoup de partisans.

Wachter soutient qu'en théorie, on devrait admettre comme principe que les formes du testament dépendent de la loi du domicile du testateur, parce que la loi du domicile du défunt détermine la for e et la substance des dispositions testamentaires.

L'erreur de Wachter trouve sa raison dans ce qu'il n'a point fait de distinction entre le fait juridique et sa preuve; c'est de cela que dépen ent toutes les erreurs da s les-quell s il tombe dans les applications de son principe, erreurs fort bien relevées par Laurent (1).

---

(1) Droit civil international, vol. VII, **pages 41 et suivantes.**

Je reviens tout de suite à l'illustre professeur de Gand.
Au fond sa théorie est celle-ci : dans le testament comme
dans tous les autres actes solennels il faut distinguer, entre
la solennité et la forme, la solennité est réglée par la loi
personnelle du testateur, la forme de cette solennité par la
loi du lieu dans lequel le testament se fait. Il applique ce
principe au code français pour lequel le testament soit en
forme authentique, soit en forme olographe ou en forme
mystique est toujours un acte solennel et la solennité consiste dans l'acte écrit.

Il y a, écrit-il, une solennité commune aux trois testaments, c'est qu'ils doivent être dressés par écrit : donc tout
testament pour être valable, doit être rédigé par écrit,
sinon il est plus que nul, il est inexistant. Car l'écrit n'est
pas seulement exigé pour la preuve comme on le disait
dans l'ancien droit, il est de l'essence des dispositions testamentaires : « *pas d'écrit, pas de testament.* » (1).

Ce critérium établi il en fait l'explication aux trois formes de testament permises par le code civil.

Après ce que j'ai écrit je ne discuterai pas longtemps sur
cet argument.

L'erreur de Laurent a son fondement dans la distinction
entre la solennité et la forme ; dans le fait d'établir les formes solennelles, partie intégrante, substance du contrat ; en
d'autres termes, en enlevant du fait, dans lequel le droit à
son existence, une formule à laquelle il donne le nom de
*solennité* et qui possède la condition nécessaire à l'existence de certains actes déterminés.

Le vice est dans la théorie.

Pour le principe posé, au contraire, que les formes, solennelles si l'on veut, sont toujours des formes et ne sont
jamais substance de l'acte, la solution ne peut-être douteuse : la maxime *Locus regit actum* s'applique aussi à la
forme des testaments, par suite il suffira que le testament
soit revêtu des formes requises dans le pays où il est reçu
pour qu'il soit valable partout.

Ainsi l'Italien en Hongrie pourra faire son testament oral
devant un juge de la noblesse et un assesseur juré ; en Allemagne il pourra le faire par acte privé, à Jérusalem il
pourra le faire selon la loi orale des Israélites et il sera
considéré comme valable partout.

---

(1) **Droit civil international,** vol. **VI,** § 407, page 677.

## § 8

Ici surgit un doute : Un italien. et en général un national. pourra-t-il à l'étranger, faire un testament en forme
privée, dans la forme olographe permise par sa loi personnelle ?

La solution est claire si on se rappelle les principes dé-
veloppés (chapitre III); *si actus a solo agente dépendeat*
on pourra suivre les formes prescrites par la loi nationale.
Je ne crois pas qu'en Italie on puisse décider autrement, en
se rappelant la diction claire de l'article 9 : « Il est laissé
« la faculté aux disposants ou contractants de suivre les
« formes de leur loi nationale, pourvu qu'elle soit commu-
« ne à toutes les parties. » De sorte que si la partie qui
dispose est seule. comme cela arrive dans le testament, *a
fortiori* la conclusion doit être la même : le testateur pourra suivre sa loi nationale.

## § 9

*Quid juris*, cependant, dans le cas ou la loi nationale
prohibe une certaine forme de testament tandis que la loi
du lieu la permet? Et en termes plus généraux. *quid juris*,
alors que la loi nationale défend, pour un acte quelconque.
mariage, donation, etc., une forme permise par la loi locale ?

Soit, par exemple, le cas d'un hollandais, auquel sa loi
prohibe de tester en la forme olographe, sauf pour nommer
les exécuteurs testamentaires, régler les dépenses et le mo-
de de sépulture, faire des vêtements et meubles (art. 982),
lequel se rend en France et y fait son testament olographe
contre la défense de sa loi nationale.

Je crois que ce testament, et ce que je dirai du testament
vaudra pour tout autre acte, serait nul, parce qu'il serait
contraire aux lois prohibitives de la nation à laquelle le
testateur appartient, puisqu'on contrevient au principe
d'ordre général que le législateur italien édicte dans l'art.
12 des dispositions préliminaires du code civil : « *En au-
« cun cas les lois, les actes et les sentences d'un pays é-
« tranger et les dispositions et les conventions privées, ne
« pourront déroger aux lois prohibitives du royaume, qui
« concernent les personnes. les biens et les actes, non plus
« qu'aux lois relatives en quoique ce soit à l'ordre public
« et aux bonnes mœurs.*

La difficulté pourrait seule naître lorsqu'il s'agirait de déterminer dans les cas douteux, la nature d'une loi afin de savoir si elle est en substance une loi prohibitive ou non. A mon faible avis, c'est ici *l'unus casus* dans lequel il soit permis de déroger au principe général formulé dans la maxime « Locus regit actum. » (1).

### § 10

Une question de laquelle se sont occupés tous les écrivains de droit international et qu'il faut seulement indiquer est celle-ci : la maxime »Locus regit actum» s'applique-t-elle aux actes en forme privée ?

La doctrine la résolue d'une manière uniforme, affirmativement. Comme on l'a déjà vu, la maxime est générale, elle règle les formes de tous les actes et par suite celles des actes privés. Il est de principe que le législateur a établi les formes des actes tant publics que privés dans sa nation, en ayant pour point de mire l'état moral et intellectuel du peuple. Il existe encore la raison de commodité internationale et de l'impossibilité dans laquelle se trouve l'étranger de faire des actes dans une forme différente de celle prescrite par les lois du lieu dans lequel il se trouve, parce que la compilation des actes est faite. ordinairement, par des praticiens du lieu, lesquels connaissent seulement les formes imposées par leur propre loi.

D'ailleurs, en Italie, il ne peut surgir aucun doute. L'article 9 c. c. dit : *Les formes extrinsèques des actes entre vivants et de dernière volonté,* l'expression est générale : *actes entre vivants,* de sorte qu'il ne peut y avoir lieu à distinction ; tous les actes entre vivants, publics ou privés, sont réglés, quant à leur forme extrinsèque, par la loi du lieu dans lequel ils sont reçus.

### § 11

Les idées jusqu'ici établies avec l'appui des principes ont été, avec une progression lente. mais continue. acceptées par la jurisprudence de diverses nations. Et Juguit dans un travail récent : *Des conflits de législation relatifs à la formes des actes civils.* après un examen attentif des légis-

---

(1) Voir la solution donnée par Laurent. — Droit civil international, vol. VI. § 419.

lations étrangères, conclut q e la tendanc qui se ma ifest
dans la ju is rudence française re ative men à l'a plicatio
*impérative* de la règle « Locus regit act m » à l'éléme t
extérieur de tous les actes —solennité, moyc s de preuve —
est générale dans la ju isprudence de di érentes législations modernes.

« On applique, écrit-il. la loi du lien où l'acte est fait,
« non seulement pour régler la fo me *inst umentaire* d'un
« acte é rit, ma s encore pour regler les formes solennel-
« les qui sont nécessaires pour la ormation de certains ac-
« tes, tels que le mariage et la donation. » (1)

§ 12

Les écrivains français et avec eux Rocco veulent faire
exception à la maxime « Locus regit actum » dans le cas ou
un national dresse, à l'étranger, un acte dans les formes
établies dans ce lieu, pour éluder les prescriptions de sa
loi nationale. Les écrivains Allemands, Anglo-Américains
et une partie des Italiens pensent le contraire.

Posons la question en termes précis : Un acte valide,
pour la *lex loci contractus*, peut-il être considéré comme
invalide par la *lex fori* s'il est fait *in fraudem legis domesticae?*

Les premiers — Fœlix, Demolombe Mourlon, Rocco, Laurent —disent: «si l'on perm t aux parties intéressées de dres-
« ser leurs actes à l'étranger dans les formes légales c'est
« par nécessité, parce que les contractants se trouvent en
« paysétranger et qu'ils doivent y dresser un acte ; c'est
« donc aller contre le vœu de la loi que de se soustraire à
« ses prescriptions en allant à l'étranger pour y passer des
« actes. Il est de principe que tout ce qui se fait en fraude
« de la loi est nul. » (2)

Les autres — Savigny, Bar, Schaffner, Wachter, Geil,
Westlake, Philimore, Wharton, Bianchi, Lo Monaco, —
disent : (3)

« La conséquence que l'acte est invalide a été répudiée
« et déclaré contraire aux principes par plusieurs éminents
« jurisconsultes.

---

(1) Op. cit. p. 200.

(2) Laurent — Droit civil international, II § 239, p. 432.

(3) Voir : Wharton. — Conflit of Laws § 695. — Asser — Schets
van het international privaatregt, p. 43. — Brocher, op. cit. p. 284.

« Il est permis, observe Bar, de traiter des affaires à
« l'étranger, en faisant usage des formes reconnues en ce
« lieu et l'usage de ce droit légal ne doit pas être considéré
« comme une fraude. »

« Si telle action mérite une peine, elle doit être punie
« par une amende, ou bien par une pénalité quelconque.
« mais on ne doit jamais rendre invalide l'acte lui-même. »
Il me semble que la raison est pour ces derniers.

Ceux qui soutiennent l'invalidité de l'acte, partent de ce
principe : La fraude vicie tout ; ergo, les contrats stipulés
avec fraude sont invalides. Le principe est juste, mais il
est mal appliqué : la fraude vicie tout, si elle empêche le
consentement ou nuit à la substance de l'acte et à l'intérêt
des contractants et des tiers.

Mais. dans le cas qui nous occupe, la fraude n'influence
pas du tout sur la substance du contrat, sur son consentement, ou sur aucun des éléments essentiels du contrat, lequel est valable soit pour la substance, soit pour la forme :
la fraude consiste dans le fait d'éluder les lois nationales
qui imposent ou de plus grandes taxes ou de plus embarrassantes formalités.

Or cette manière d'éluder la loi pourrait-elle rigoureusement amener la nullité de l'acte ?

La conséquence me semble très grave. parce que, sous
ce prétexte, on pourrait facilement attaquer la validité d'un
acte et le désordre, la confusion. l'injustice règneraient partout . Chaque jour, on verrait des actes stipulés à l'étranger attaqués pour nullité parce qu'ils auraient été faits en
fraude des lois.

Le législateur doit, il est vrai, chercher à empêcher que
cela arrive et je crois qu'il pourrait arriver à ce but en
édictant une amende. (1)

Demangeat (2) voudrait donner un pouvoir discrétionnaire au juge pour apprécier si la conséquence de la fraude
doit être la nullité ou une peine d'une autre nature. Cette
opinion est loin de me convaincre, parce que le pouvoir discrétionnaire en cette matière est contraire aux principes.

De deux choses l'une : ou l'acte est toujours valable, ou
l'acte est toujours nul; les termes, moyens ne peuvent être
admis.

---

(1) Voir : Arndts-Sérafini-Pandette, vol. 2, § 232, nota 1.
(2) Fœlix. op. cit. I, page 161, note (a)

Je conclus, en répétant, que je préfèrerais que l'on déclarât l'acte nul, plutôt que de voir accorder au juge, en cette matière, un pouvoir discrétionnaire.

## § 13

Une question de grande importance de laquelle s'occupent fort peu les écrivains de Droit international, sauf Laurent, est celle relative aux sociétés constituées à l'étranger, qui étendent leur industrie, ou établissent leur siège sur le territoire national. Sa solution est très difficile, parce que non seulement la jurisprudence italienne, mais aussi celle de la France sont encore indécises pour les principes à adopter.

*Quæritur* : Les sociétés commerciales, légalement constituées à l'étranger, sont-elles réglées, quant à la forme de l'acte constituti , par les lois du pays dans lequel elles sont formées ou par celles du pays dans lequel elles exercent leurs droits?

Vidari en Italie, Laurent en France soutiennent deux théories opposées.

Vidari (1) distingue avant tout deux cas : 1° Sociétés étrangères qui établissent le siège principal de leur entreprise sur le territoire national ; 2° Sociétés étrangères qui établissent dans le territoire national une succursale.

Relativement aux premières, il observe : « à première « vue, il semble que l'acte de constitution de la société, « quant aux formes extrinsèques, doit être réglé par la « maxime "Locus regit actum", cependant la rigueur des « principes, dans la pratique, doit se plier à quelques ex- « ceptions. Il serait, trop facile d'éluder les sanctions de « la loi, si l'on permettait aux sociétés étrangères, qui éta- « blissent sur le territoire national l'objet et le siège princi- « pal de leur entreprise, de faire à l'étranger leur acte « constitutif, pour se soustraire, ainsi, aux obligations im- « posées par leur loi nationale, obligations, qui pourraient « être plus nombreuses et plus grandes que celle de la loi « étrangère. On ne doit pas fournir aux étrangers ni aux « nationaux le moyen de se soustraire à l'accomplissement « des lois de l'Etat, dans lequel ils veulent établir directe- « ment le siège principal de leur entreprise ; lois qui cher- « chent à protéger des intérêts de grande importance.

_______________

(1) Diritto commerciale, vol. II, page 172, et suiv.

« Le principe "Locu regit a tum" permettrait qu   loi
« fut impunément violée et celle-ci n'aurait aucun moyen
« pour l'empêcher. Il st donc nécessaire que les sociétés
« étrangères qui veulent établir leur siège principal n Ita-
« lie, se conforment à toutes les formalités que la loi ita-
« lienne impose. «

Relativement aux secondes, il estime au contraire, que
la maxime "Locus regit actum' reprend toute sa vigueur,
et par suite du principe : accessorium sequitur principale,
le contrat valide aux yeux de la loi étrangère doit être considéré comme valide par la loi nationale.

Laurent (1) donne une solution diamétralement opposée :
« Toutes les conventions étrangères et par conséquent les
« actes de sociétés, sont valables en France; quand elles
« sont valables en vertu de la loi du pays où les sociétés
« ont été constituées, à condition qu'elles ne blessent aucun
« principe de droit public du pays où elles exercent leurs
« droits. »

Cette théorie me paraît plus juste, plus conforme aux
principes et plus convenable au développement du commerce international.

De fait, il est de principe de droit que l'acte juridique,
par sa nature, n'est point soumis aux limites de l'espace :
un acte validement fait en France ou en Allemagne étend
son efficacité en Italie et en Angleterre; de sorte que lorsqu'une société est valablement constituée à l'étranger elle
peut très bien exercer son industrie en Italie, qu'elle y éta-
blisse son siège principal ou une succursale, peu importe.
S'il n'en était pas ainsi, et si une société, pour étendre son
industrie en Italie, devait accomplir toutes les conditions
requises par la loi italienne, il serait presque impossible
d'avoir dans une nation une société étrangère, tant les lois
qui régissent les sociétés, sont différentes.

Je crois qu'il ne peut pas naître de doute en Italie.

L'article 9, déjà plusieurs fois répété, dit en général : *Les
formes extrinsèques des actes entre vivants* ; or, l'acte par
**lequel une société** s'établit est un acte entre vivants et par
suite il est soumis, quant aux **formes** de l'acte de constitution, à la loi du lieu dans lequel il est stipulé.

## § 14

Les diverses solutions adoptées par Vidari pour les deux
cas qu'il distingue ne me paraissent pas logiques.

---

(1) Op. cit., v. VIII, § 180.

Pourquoi ne voudrait-on pas permettre aux sociétés constituées à l'étranger, d'étendre leur exercice dans notre E-
tat?

Par crainte qu'elles violent les lois nationales, qui imposent les plus grandes garanties, et qu'elles lèsent des in-
terêts de grande importance; mais ces inconvénients existent dans le cas où les sociétés établissent leur sièg. principal comme dans le cas où les sociétés établissent leur
succursale.

Par quelle raison adopter deux mesures diverses?

Il faut être logique : *ubi eadem ratio, ibi idem ius*.

Mais, ajoute Vidari, il serait aussi facile, aussi bien aux
étra'gers qu'aux nationaux de se soustraire à l'accomplissement des lois de l'Etat. Le grand jurisconsulte entend par-
ler de la *fraus legis domesticae*, argument duquel je me
suis précédemment occupé. Mais pour éviter *tant de tort*,
ce sont ses propres paroles, j'ai proposé des amendes, de
sorte qu'alors qu'il serait possible de p ouver la fraude,
c'est-à-dire l'intention de vouloir se soustraire aux obligations imposées par la loi de la nation. dans laquelle on veut
établir le siège de la société, on pourrait établir ou de for-
tes amendes ou des peines.

Il reste le seul cas où le but de la société est contraire
à l'ordre public. Alors la solution est facile : Le principe codifié par l'article 12 des dispositions préliminaires du code civil ita ien repren toute sa vigueur. « En aucun cas les lois, actes et s ntences d'un pays étranger et
les dispositions ou conventions privées ne pourr nt déroger
aux lois rohibit ves du ro aume qui concernent les personnes. les biens et les a tes. ni ux lois rela ives, en quoi que
ce soit, à l'o dre public t aux bonnes mœurs.

§ 15

La dernière question de laquelle je m'occuperai est relative à l'excep'ion que certains e rivains ont tabli p ur les
représentants de la nation à l'étrang r. pour leur famille
et les personnes à leur service puisque 'on croit que les
formes extrinsèques des actes stipulés par eux doivent être
réglés par les lois de l'Etat que l'ambassadeur ou le ministre résidant représente.,

Ces écrivains 'Grotius. Hubero. Vattel. Wheaton. Fœlix.

etc., etc., (1) raisonnent ainsi : Les ambassadeurs, les ministres résidents et en général, les représentants de la nation à l'étranger jouissent, dans le pays où ils demeurent, de deux privilèges : l'extraterritorialité et l'inviolabilité. On considère que le lieu, où réside le représentant, est un lambeau de terre arraché au territoire de la nation auquel ce représentant appartient, à la juridiction de laquelle il reste soumis, de sorte que les formes des actes ne sont pas soumises à la règle "Locus regit actum."

Cependant la théorie est erronée, et l'erreur prend sa source dans la fausse détermination de la raison juridique du privilège, duquel jouissent les représentants d'une nation à l'étranger.

La vraie raison du privilège est celle-ci : protéger l'indépendance des représentants dans l'accomplissement des fonctions qui leur sont confiées. Bynckershock écrivait ainsi (2) « Omnia legatorum privilegia, quibus utuntur ex tacito consensu gentium, non alio fine comparata sunt quam ut tuto, sine remora, sine impedimento cuiusquam officio suo fungantur. »

Ainsi donc le privilège doit s'étendre pour toutes les matières d'intérêt national, de sorte que le représentant puisse s'acquitter, avec indépendance, de la charge qui lui est confiée ; perdre de vue ce principe, en élargir les conséquences, en étendre la portée signifie conduire ce privilège à d'absurdités inadmissibles.

On ne dira pas certes qu'un ambassadeur, un ministre résident s'acquitte de sa mission alors qu'il contracte, qu'il stipule des obligations ou appelle d'autres personnes en justice.

Bynckershock (1) soutient cette opinion en écrivant : Supportera-t-on qu'un ambassadeur puisse obliger les autres et non lui-même ou plutôt assigner les autres en justice pour une affaire quelconque et que lui ne puisse jamais être assigné ?

Tolèrera-t-on qu'avec des négociations particulières, lesquelles n'ont aucun rapport avec l'ambassade, à la manière d'un voleur, il puisse escroquer nos citoyens et enlever de leur maison leurs biens et leur argent ?... Qu'ils

---

(1) Fœlix. Droit international privé. T. I. §§ 82-210.

(2) V. Bynckershock. De foro competente legatorum, C. 21.

(1) Op. cit. loc. cit.

s'abstiennent de contracter s'ils craignent les litiges, mais, s'ils veulent contracter, qu'ils répondent en justice, et qu'ils pensent que, pour tout ce qui est en dehors des termes de leur mandat, ils agissent comme tout autre citoyen et que pour cela ils sont sujets aux mêmes lois et à la même juridiction. (1)

Cette théorie est la plus saine, la plus légale et la plus conforme au principe qui règle la matière de l'extraterritorialité et qu'aujourd'hui ont accepté Sandonà. Esperson, Helfter, lequel dit expressément : des interprétations erronées du principe il en résulterait que la règle "Locus regit actum" ne pourrait être invoquée contre elle (la loi du domicile d'origine) ce qui certainement ne serait pas admissible.

# COROLLAIRE

Ici je mets un point et je rassemble les conclusions auxquelles je suis parvenu dans ma brève étude.

1° La maxime "*Locus regit actum*" universellement admise par la doctrine, la jurisprudence et la législation n'est pas fondée simplement sur l'utilité et la commodité des relations internationales, mais encore sur le principe rationel qui est à la base du droit international privé.

2° La maxime "*Locus regit actum*" règle les formes extrinsèques de tous les actes unilatéraux et bilatéraux publics et privés, solennels et non solennels.

3° La maxime "*Locus regit actum*" est obligatoire, à moins qu'il ne s'agisse d'un acte unilatéral ou d'un acte bilatéral entre ressortissants du même pays dans lequel cas on peut suivre la loi nationale.

4° La maxime "*Locus regit actum*" ne souffre d'exception ni dans le cas où les contractants ou disposants ont fait des actes à l'étranger dans le but d'éluder la loi nationale, ni dans le cas où les ambassadeurs et les représentants d'une nation à l'étranger y contractent.

---

(1) Conf. Lo Monaco D. Civ. intern. Chap. VII, § 6.

5° La maxime "*Locus regit actum*" souffre exception dans le seul cas où les actes stipulés par un national à l'étranger ou par un étranger sur le territoire national portent atteinte aux lois prohibitives du royaume ou à celles qui intéressent, en quoi que ce soit, l'ordre public et les bonnes mœurs.

# TABLE

# ERRATA

Page 3, 7me ligne, au lieu de avocat di Stefano, lire : *avocat G. Di Stefano.*

Page 6, renvoi 1, au lieu de droit Romain, lire : *System des heutigen Ramischen Rechts.*

Page 7, 5me ligne, au lieu de venerit, lire : *venierit.*

Page 7, 6me ligne, au lieu de cavari, lire : *caveri.*

Page 7. 10me ligne, au lieu de des lieux, lire: *du lieu.*

Page 7, 12me ligne. au lieu de usar m. lire: *usurarum.*

Page 7, 29me ligne, au lieu de regule iuris, lire: *regula iuris.*

Page 8, 7me ligne, au lieu de iubret. lire: *iubeat.*

Page 8, 17me ligne, au lieu de aliditatem, lire : *validitatem.*

Page 8, 19me ligne, au lieu de praescripterit, lire : *praescripserit.*

Page 8, 23me ligne, au lieu de Peckins, lire : *Peckius.*

Page 9, 4me ligne, au lieu de Rotte, lire : *Rote.*

Page 9. 8me ligne, au lieu de forman, lire: *formam.*

Page 9, 34me ligne, au lieu de dans l'espèce de la première, lire: *dans l'espèce la première.*

Page 10, 35me ligne, au lieu de à la première catégorie appartient presque toute la législation française, lire: *à la première catégorie appartient la législation française.*

Page 13, 13me ligne, au lieu de pope, lire: *prope.*

Page 13, 18me ligne, au lieu de tissiman, lire. *tissimam.*

Page 13, 18me ligne, au lieu de imoquoque, lire : *unoquoque.*

Page 13, 20me ligne, au lieu de navis, lire : *novis.*

Page 13, 37me ligne, au lieu de lucorum, lire: *locorum.*

Page 15, 34me ligne, supprimer le mot *grande* qui précède maxime.

Page 31, renvoi 2, au lieu de principiès, lire: *principes.*